Eduard Meyer

Geschichte von Troas

Eduard Meyer

Geschichte von Troas

ISBN/EAN: 9783743397866

Hergestellt in Europa, USA, Kanada, Australien, Japan

Cover: Foto ©ninafisch / pixelio.de

Manufactured and distributed by brebook publishing software (www.brebook.com)

Eduard Meyer

Geschichte von Troas

GESCHICHTE VON TROAS

VON

EDUARD MEYER.

MIT EINER KARTE.

LEIPZIG,
VERLAG VON WILHELM ENGELMANN.
1877.

SEINEM LIEBEN VATER

HERRN DR. EDUARD MEYER

IN HAMBURG

ALS EIN GRUSS AUS DER FERNE.

Vorwort.

Seit dem Ende des vorigen Jahrhunderts hat die Lage des homerischen Troja den Gegenstand lebhafter Controversen gebildet und den Scharfsinn hervorragender Gelehrten in fast verschwenderischer Weise beschäftigt. Als dann Heinrich Schliemann seine reichen Entdeckungen im Hügel von Hissarlyk bekannt machte, erwachte das Interesse an dem Gegenstand aufs neue und hat zahlreiche Schriften hervorgerufen, die vor allem die topographische Frage in wohl erschöpfender Weise behandelt haben. Meine Absicht ist nicht, die Anzahl derselben um eine zu vermehren: ich habe vielmehr versucht eine Geschichte von Troas zu geben, soweit dies bei der fragmentarischen Ueberlieferung möglich war. Meine Aufgabe war, die Nationalität, die Art, die Religion seiner Bewohner möglichst festzustellen, zu ermitteln, was an der Ueberlieferung von ihren Schicksalen historisch ist, die griechische Colonisation und die spätere Geschichte des Landes kurz darzustellen.

Abgesehen von dem Interesse, das ein in so hervorragender Weise in die griechische Sagengeschichte verflochtenes Volk in uns hervorruft, ist eine derartige Untersuchung nach zwei Seiten hin wichtig: sie liefert Material für die Geschichte und Beurtheilung der homerischen Epen, und sie ist ein Beitrag zur Aufhellung der Ethnographie und Religion des alten Kleinasiens.

Nach diesen Gesichtspunkten habe ich, auf Anregung meines hochverehrten Lehrers, Herrn Director Classen's, die vorliegende Arbeit im Jahre 1873 begonnen, dann jedoch liegen lassen, bis mir ein günstiges Geschick vorigen Sommer gestattete, von Constantinopel aus die Troade selbst zu besuchen.[1]) Ich konnte daher die Ergebnisse eigener Anschauung in meine Arbeit aufnehmen. Hierbei bin ich vor allem Herrn Frank Calvert zum grössten Danke verpflichtet, der mich, wie schon so viele Reisende vor mir, auf das Zuvorkommendste unterstützte, auf dem Gute seines verstorbenen Bruders [bei Thymbra] bewirthete, und auf viele wichtige Punkte erst aufmerksam gemacht hat.

Arbeiten von Vorgängern sind mir — ausser für einzelne Punkte — nicht bekannt. Die Mythen der Troade hat Klausen,[2]) ihre Ethnographie Deimling[3]) behandelt. Beide Arbeiten waren für mich ohne Nutzen: sie sind ganz kritiklos, combiniren in der freiesten Weise die Sagen und Traditionen der Griechen, ohne früheres und späteres zu scheiden, und kommen so zu ganz unhaltbaren Resultaten. Bei einzelnen Punkten hoffe ich dies im Verlaufe der Arbeit selbst nachzuweisen. Deimling geht von der Ansicht aus, alle Kleinasiaten seien Mischvölker, vor allem mit Semiten, über deren Bedeutung er sehr unklare Vorstellungen zu haben scheint, — während er von „Indogermanen" nichts weiss [man vgl. p. 113] — er verwendet in der freiesten Weise die Annahme der Gleichnamigkeit verschiedener Völkerstämme;[4]) er sucht, wie

---

[1]) Ich habe auf einer sechstägigen Tour von den Dardanellen aus die troische Ebene mit Hissarlyk und dem Balydagh, die Ruinen von Alexandria und Kolonae [auf dem Tschighry Dagh], Ineh und das obere Skamanderthal besucht.
[2]) In „Aeneas und die Penaten". Erster Theil. Hamburg 1839.
[3]) In „Die Leleger, eine ethnographische Studie", Leipzig 1862.
[4]) Vgl. v. Gutschmids Recension in Fleckeisens Jahrbb. 1864 p. 665 ff.

Curtius, Halbgriechen in den Kleinasiaten, vor allem den Phrygern.[1] Gegenüber derartigen Theorien habe ich mich an die überlieferten Thatsachen gehalten und aus diesen, nicht nach vorgefasster Meinung, ein Bild zu entwerfen gesucht. — Wenn von neueren Erscheinungen einige nicht berücksichtigt sein sollten, wenn namentlich in Bezug auf die meinen Studien fern liegenden homerischen Fragen manches Werk nicht benutzt ist, das ich hätte einsehen sollen, so wolle man dies damit entschuldigen, dass ich die letzten zwei Jahre an Orten zugebracht habe, die ausserhalb alles literarischen Verkehrs liegen.

Bournemouth in Hampshire, den 8. Januar 1877.

---

[1] Auf Curtius' Ionierhypothese konnte ich nicht eingehen; ich kann ihr durchaus nicht beistimmen, eine Polemik dagegen aber würde zu weit geführt haben.

Inhalt.

	Seite
§ 1 Die Bewohner der Troade	1
§ 2. Religion der Troer	16
1. Apollo und die Sibyllen	16
2. Göttermutter, Korybanten und Daktylen	24
3. Athene	36
4. Griechische Heroen und Götter. Ganymedes	40
5. Priapos	42
§ 3. Die ältesten Städte der Troade. Lage und Ruinen von Ilion	45
§ 4. Civilisation und älteste Geschichte der Troer	55
§ 5. Die Zerstörung Ilions und die Herrschaft der Aeneaden	63
§ 6. Die Kimmerier und die Herrschaft der Lyder	73
§ 7. Die griechische Colonisation	79
§ 8. Spätere Geschichte der Troade	86
Anhang. Die Landschaftsgrenzen des nordwestlichen Kleinasiens	99
Das homerische Troja und die geographischen Grundlagen der homerischen Gedichte	103

§ 1.

Die Bewohner der Troade.

Die Grenzen der Landschaft Troas werden im Alterthum sehr verschieden angegeben. Strabo[1] zählt eine grosse Anzahl verschiedenartiger Bestimmungen auf, und auch unter den uns erhaltenen Schriftstellern finden sich wenig genaue Uebereinstimmungen. Für unsere Zwecke empfiehlt es sich, im wesentlichen die von Strabo aufgestellten Grenzen anzunehmen, und so wollen wir unter Troas die Halbinsel verstehn, die von dem übrigen Kleinasien durch den Fluss Aesepos und eine Linie von seinen Quellen bis zum innersten Winkel des adramytenischen Golfes abgeschnitten wird. Es ist dies das Gebiet, welches nach Homer das Reich des Priamos bildete,[2] und welches auch geographisch eine Einheit darstellt: das Gebiet des Ida. In den angegebenen Grenzen kommt alles Wasser vom Ida; die ganze Landschaft ist von seinen Ausläufern durchzogen, überall, wo nicht Berge vorliegen, ist der höchste Gipfel des Ida zu sehen.[3]

In dieser Landschaft sind nun drei einheimische Stämme ansässig, die Leleger an der Südküste, die Troer oder Dardaner im Haupttheile des Landes, und die Bebryker am Hellespont.[4] Wir wollen dieselben der Reihe nach betrachten.

---

[1] XIII 1, 4.   [2] Il. Ω 544, vgl. B 816—839.   [3] Vgl. dazu die sehr richtige Darstellung bei Strabo XIII 1, 5.

[4] Die Il. B 840ff. K 429. P 288. genannten Pelasger von Larissa kann ich nicht mit Stephanus Byzantinus, Kiepert u. a. nach Larissa

I. Die Leleger.

Auf diese des weiteren einzugehen, kann natürlich nicht meine Absicht sein; ich will nur das Material, das uns über die troischen Leleger vorliegt, übersichtlich zusammenstellen.

Bei Homer finden wir die Leleger als Bundesgenossen der Troer K 429 — im Schiffskatalog fehlen sie —; Achilles zerstört ihre Stadt Pedasos am Satnioeis;[1]) die Tochter ihres Königs Altes war eine der Gemahlinnen des Priamos. Der Satnioeis ist ein Gebirgsbach an der Westküste, der in der Nähe des Vorgb. Lekton ins Meer fällt, der jetzige Tuzlu Tschai; an ihm zeigte man zu Strabos Zeit die Stelle von Pedasos.[2]) Diese Stadt ist jedenfalls früh zerstört worden, denn die Späteren nennen sie nicht mehr. Dagegen nennt Alkaeos[3]) Antandros eine Lelegerstadt; und wenn Herodot es pelasgisch nennt,[4]) so wird dies auf einer Verwechselung der Leleger und Pelasger beruhen. Die Angabe des Stephanus Byzantinus,[5]) es sei nach dem Führer der äolischen Colonisten benannt, ist der Autorität des Alkaeos gegenüber natürlich zu verwerfen. Auch das westlich gelegene Gargara war lelegisch nach Stephanus Byzantinus; seine Quelle ist, wie die der gleichlautenden Stelle im Etym. magn., Epaphroditos, der sich

---

an der Westküste von Troas, sondern nur mit Strabo (XIII 3, 2) nach Larissa bei Kyme setzen, aus dem schon von diesem angeführten Grunde, dass P 301 vom Pelasger Hippothoos gesagt wird, er komme τῆλ' ἀπὸ Λαρίσης, und weil wir später keine Pelasger in Troas finden.

[1]) Il. Φ 87, Z 34, Y 92. 96.
[2]) Str. l. c. 50 cf. 59. Plin. V 30, 122 verlegt Pedasos fälschlich nach Adramytion. Mannert Geogr. VI 3, 427 setzt die homerischen Leleger und Pedasos nach Karien. Indessen kennen ja auch die Späteren Leleger in Troas; und wie sollte Achill von Ilion aus eine karische Stadt zerstören?   [3]) bei Strabo XIII 1, 51.
[4]) Her. VII 42 Ἄντανδρον τὴν Πελασγίδα.
[5]) s. v. Eine andere Etymologie, von ἀντ' ἀνδρός, bei Pomp. Mela I 18, Conon hist. 41 (Photius cod. 180).

wieder auf Nymphis von Heraklea¹) beruft, eine nicht zu verachtende Autorität.

Andere Angaben über die Leleger haben wir nicht. Oestlich von ihnen, in Thebe, nennt Homer Kiliker und zwar nur Z 397 und 415; ihr König Eetion wird auch A 366 Ψ 827 erwähnt. Die Lage von Thebe ist durch die später gewöhnliche Bezeichnung der Ebene von Adramytion als Θήβης πεδίον²) gesichert, und scheint daraus hervorzugehn, dass Thebe einst ein bedeutender Ort war. Sonst erwähnt nur noch Plinius (V 30, 123) in diesen Gegenden Cilices Mandacadeni, nach einem auch in Hierokles Synekdemos p. 663 Wesseling vorkommenden Orte Mandakada, dessen Lage nicht bekannt ist. Weiter erfahren wir nichts über diese Kiliker; denn Strabo's Angabe τῶν Κιλίκων τῶν μὲν εἰς τὴν Παμφυλίαν ἐκπεσόντων, τῶν δ' εἰς Ἀμαξιτόν (l. c. 63) beruht nur auf gelehrter Combination.

In der Nachbarschaft von Thebe lag Lyrnessos, die Stadt des Mynes,³) ferner Killa und Chryse,⁴) Cultusstätten des Apollo Smintheus, die wohl auch zum Kilikergebiet zu rechnen sind, zumal da Chryseis nach A 366 ff. in Thebe gefangen genommen ward. Noch zu Strabo's Zeit existirte zwischen Antandros und Adramytion ein Ort Killa an dem Bache Killaios, mit einem Tempel des Apollo Κιλλαῖος, — nach der späteren Sage nach Killos, dem Wagenlenker des Pelops, der hier seinen Tod fand, benannt.⁵) Strabo ist geneigt, den

---

¹) fr. 10 Müller. ²) Her. VII 42. Xen. Anab. VII 8, 7. Hell. IV 1, 41.

³) Il. B 690, T 296, Y 92. 191. Strabo l. c. 61. Fellows, a Journal written during an excursion in Asia Minor p. 39 glaubt in Mauerresten südlich von Adramit die Trümmer von Lyrnessos zu erkennen.

⁴) Il. A 37; dass das homerische Chryse nicht das an der Westküste sei, scheint mir Strabo XIII 1, 63 wahrscheinlich zu machen; Mannert Geogr. VI 3 p. 430 bestreitet es.

⁵) Theopomp. fr. 339 Müller; Strabo 62 f.

Namen der Kiliker von dem letzteren abzuleiten, Mannert (p. 429) vermuthet, er sei dem Orte und Bache entlehnt, und das ist wohl auch nicht unwahrscheinlich. Da der Name nur zweimal im sechsten Buche der Ilias vorkommt, darf man die Kiliker wohl kaum als eigenen Stamm betrachten; ich bin geneigt, sie für einen Zweig der Leleger zu halten. Nach Deimling freilich [1]) sollen unsere Kiliker mit denen im Süden Kleinasiens, wie die troischen Lykier mit den südlichen zusammenhängen. Als Hauptbeweis gilt ihm „dass im Süden Kleinasiens, wie in Troas, wir Kiliker, Lykier und Leleger als Nachbarn finden." Aber, ganz abgesehen davon dass dies nichts beweist, die Kiliker am Tauros sind gar nicht Nachbarn der Lykier, sondern durch die Pamphyler, Pisider, Solymer von ihnen getrennt. Ferner, sagt Deimling, finden sich die Orte der troischen Kiliker, Lyrnessos und Thebe, auch in Pamphylien. Aber Strabo's Angabe hierüber φασὶ δ' ἐν τῷ μεταξὺ Φασηλίδος καὶ Ἀτταλείας δείκνυσθαι Θήβην τε καὶ Λυρνησσόν, ἐκπεσόντων ἐκ τοῦ Θήβης πεδίου τῶν Τρωικῶν Κιλίκων εἰς τὴν Παμφυλίαν ἐκ μέρους, ὡς εἴρηκε Καλλισθένης [2]) lässt keinen Zweifel, dass wir es hier mit einer vielleicht auf Namenserklärungen beruhenden Fiction griechischer Gelehrten zu thun haben; fand man doch dieselben Orte auch in Kilikien. [3]) Wie ist es aber denkbar, dass Kiliker nach Troas gekommen seien, zumal da die Kiliker eine ganz abgesonderte Stellung unter der Bevölkerung Kleinasiens einnehmen, [4])

---

[1]) Leleger p. 99 f.   [2]) Strabo XIV 4, 1.   [3]) Strabo XIV 5, 21. Curtius exp. Al. III 4, 10.

[4]) Während viele Angaben dafür sprechen, die Kiliker für Semiten zu halten, sind ihre Namen auf den Inschriften schwerlich aus dem Semitischen zu erklären. Namen wie *Μοσαλλαμις, Κοραλις* liessen sich noch in die Formen semitischer Grammatik einzwängen. Aber was soll man aus *Τοτροστοτης, Νατεψ, Νατεϊρ, Μοψος, Νεναφις, Βλα* machen? Indogermanisch sind dieselben auch kaum, also sind die Kiliker wohl ein eigener Stamm für sich, wie die Akkadier und

und jedenfalls nicht weite Wanderungen durch dasselbe unternommen haben können. — Ueber die Lykier s. u.

Ohne mich auf weitere Untersuchungen über die Herkunft der Leleger einzulassen, stelle ich nur noch zusammen, was wir von ihren Culten wissen.

Wenig östlich von Antandros lag der Ort Astyra mit einem Tempel und Haine der Artemis Astyrene.[1]) Dies wird zwar später zu Mysien gerechnet,[2]) und vordem (bei Skylax) zu Lydien, da die Lyder diese Gegenden colonisirten; allein dies beweist nichts für die älteren Zeiten, und da nach Strabo die Antandrier den Gottesdienst verwalteten, haben wir es hier wohl mit einem lelegischen Cultus zu thun. — Daneben finden wir an der ganzen Süd- und Westküste der Troade den Cult des Sonnengottes, der, wie er mehrfach als Vertilger bösen Gewürms auftritt, so hier als der Vernichter der Feldmäuse ($σμίνθος$ in der einheimischen Sprache), Apollo Smintheus, erscheint.[3]) Wir finden die Verehrung desselben in den oben erwähnten Orten Chryse und Killa,[4]) in Hamaxitos,[5]) in den benachbarten Orten Sminthion,[6]) in Chryse südlich von Alexandria Troas, wo ihn eine Statue des Skopas darstellte, wie er den Fuss auf eine Maus setzt,[7]) in Al. Troas selbst,[8]) und auf Tenedos.[9]) Man kann den Cult für einen lelegischen halten und dann das Lelegergebiet bis nach Tenedos hinauf ausdehnen; man kann aber auch annehmen, dass Apollo Smintheus eine Form des troischen Sonnengottes war, und die Leleger erst später einwanderten und ihn adoptirten. Auch

---

Susianer. — Nach Deimling sind freilich auch sie ein Mischvolk, wie alle Kleinasiaten! —

[1]) Strabo XIII 1, 51. 65. Xen. Hell. IV 1, 41. [2]) Strabo l. c.; vgl. u. § 5 fin. u. § 6. [3]) Ueber die Bedeutung vgl. Strabo l. c. 64. Welcker, Gr. Götterlehre I 482 ff. [4]) Il. A 37. [5]) Strabo l. c. 48. [6]) ib. Plin. V 30, 123. [7]) Strabo l. c. Skylax 94. Plin. l. c. [8]) C. I. Gr. 3577. [9]) Il. A 38. Strabo l. c. 46.

die Artemis Astyrene könnte eine von ihnen modificirte Form der idäischen Göttermutter sein. — Uebrigens berichtet Strabo, dass der Apollo Smintheus auch sonst, in Larissa in Aeolis, auf Keos und Rhodos verehrt ward.[1])

II. Die Troer.

Unter Τρῶες versteht Homer die Bewohner Ilions und der Mündungsebene des Skamandros. Ihnen aufs engste verbunden sind die Dardaner, als deren Fürst Aeneas genannt wird, der jedoch durchweg als Unterthan des Priamos erscheint.[2]) Ihre Wohnsitze haben wir nicht bei dem Homer unbekannten Dardanos am Hellespont zu suchen, sondern im Innern, in den ὑπωρείαις πολυπίδακος Ἴδης, wo Dardanos die älteste Stadt gründete, eho noch das heilige Ilios stand,[3]) d. h. vor allem in dem breiten obern Skamanderthal. Darauf weist auch Aeneas Verbindung mit Skepsis hin, s. u. Auch in späterer Zeit noch erstreckte sich die Landschaft Dardania vom Hellespont bis an den oberen Skamander, nach Strabo XIII 1, 50. 51. Ausserdem werden auch die Bewohner von Zeleia nahe der Mündung des Aesepos Troer genannt, freilich nur in dem troischen Katalog,[4]) einer Quelle von zweifelhafter Autorität. Ich möchte indessen die Angabe doch nicht verwerfen, zumal da das obere Aeseposthal (Skepsis) bis zuletzt einer der Hauptsitze der Troer war (s. u.). — Nun nennt freilich Homer die Landschaft von Zeleia zweimal[5]) Λυκίη, und man hat sie daher mit den Lykiern im Süden Kleinasiens in Zusammenhang gebracht. In der That finden sich auch manche Uebereinstimmungen zwischen Troas und Lykien: der in Pinara verehrte Pandaros[6]) ist gleichnamig mit dem Führer der Bewohner Zeleias in der Ilias, dem Sohne des Lykaon; der Sonnengott wird in Lykien ebenso eifrig

---

[1]) Strabo XIII 1, 48. X 5, 6.   [2]) Il. *B* 818. Y 180 ff.   [3]) Il. Y 216 ff.   [4]) Il. *B* 824 ff.   [5]) *E* 105. 173. Vgl. *J* 207.   [6]) Strabo XIV 3, 5.

verehrt, wie in der ganzen Troade, „der Xanthos fliesst in Lykien wie in Troas, und der Name Tros scheint von dem der lykischen Stadt Tlos nicht verschieden zu sein."[1]) Doch beweist dies nichts sicheres, um so mehr da die Lykier, obwohl sie schwerlich den eigentlichen Kleinasiaten angehören, dem Stamme, den die Phryger, Lyder, Myser, Karer, wahrscheinlich auch die Kappadoker, und die Troer bilden, deren engste Verwandtschaft unbestreitbar ist, — da die Lykier doch jedenfalls ihre nahen Verwandten sind, wie auf der andern Seite die Thraker. Die Namensübereinstimmung aber ist unzweifelhaft nur zufällig oder vielmehr, sie beruht auf demselben Grunde. Die Bewohner der südlichsten Landschaft Kleinasiens nannten sich selbst Trämele, $Τερμίλαι$;[2]) der Name Lykier ward ihnen von den Griechen gegeben, weil sie eifrige Verehrer des Lichtgottes, des Apollon Lykios der Griechen waren. Derselbe Gott aber war der Hauptgott Zeleias. In der Ilias $Δ$ 101. 119 fleht Pandaros zum $Ἀπόλλων\ λυκηγενής$; nach E 827 hat Apollo ihn zum Kampfe angetrieben, und nach B 827 ihm seinen Bogen geschenkt, was allerdings mit $Δ$ 106 ff. im Widerspruch steht.

Wir betrachten demnach als troisch alles Land nördlich vom Ida, das Gebiet des Skamander, Aesepos und vielleicht des Granikos. Nur das Land am Hellespont war, wie wir später sehen werden, zum Theil nicht troisch. Die Einwohner heissen in älterer Zeit Troer und Dardaner; in späterer Zeit werden sie auch, und zwar vorwiegend, Teukrer genannt. Nach Strabo[3]) hat diesen Namen zuerst Kallinos gebraucht; bei Homer findet er sich nirgends. Der Ursprung des Namens ist unbekannt. Vielleicht liegen hier verschiedene Landschafts-

---

[1]) Duncker Geschichte des Alterthums I[4] p. 421. Vgl. Curtius Gr. G. I[3] p. 71. Deimling Leleger p. 100.
[2]) Herod. I 173. Vgl. Duncker l. c. I[4] 422. Preller Gr. Mythol. I 195.   [3]) XIII 1, 48.

namen vor, vielleicht wirklicher Namenswechsel, vielleicht ist der eine Name — der der Teukrer — der einheimische, der andere griechischen Ursprungs. Aehnliches findet sich ja häufig, ohne dass eine Veränderung in der Bevölkerung anzunehmen wäre. Die homerischen Mäoner heissen später Lyder, die Termilen nennen die Griechen Lykier, die Aramäer Syrer, die Kanaanäer Phöniker. Auf die verschiedenen Namen für die Italischen Stämme brauche ich nur hinzuweisen.

Deimling glaubt nun allerdings annehmen zu müssen, dass in Troas griechische und phrygische Stämme gemischt seien; die Dardaner sollen das griechische, die Troer das phrygische Element repräsentiren. Seine Gründe sind jedoch nicht stichhaltig. Er behauptet, aus der Schilderung der Troer bei Homer gehe hervor „dass sie nach Sitten, Gebräuchen, Götterdiensten Griechen seien."[1]) Aber in diesem Punkte darf man dem Homer keine Beweiskraft zuschreiben. Schildert er denn irgend einen Volksstamm, irgend einen fremden Helden, anders als die Achäer? Dazu kommt, dass ja die troischen Helden, man mag von den der Sage zu Grunde liegenden historischen Thatsachen denken was man will, jedenfalls Erzeugnisse der griechischen Sage sind und also nur nach griechishen Anschauungen gebildet sein können. Höchstens beweist die Schilderung des lärmenden Heranrückens der Troer dem schweigenden Verhalten der Achäer gegenüber, dass ihm die Troer, wie schon die Alten es erklären, für Barbaren galten.[2]) — Wenn aber die Griechen als Götter der Troer Apollo, Aphrodite, Artemis nennen, so beweist das ebenso wenig, wie wenn sie von einem Herakles und einer Hera der Phöniker, einem Dionysos oder Hephaistos der Aegypter, einer Artemis der Perser reden.

---

[1]) Leleger p. 87 f. Aehnlich u. a. Curtius Gr. G. I 66.
[2]) Bemerkenswerth ist auch *J* 437 f. die Angabe über die vielen Sprachen im Heere der Troer.

Der zweite Theil von Deimlings Behauptung dagegen, dass sich viele phrygische Elemente unter den Troern finden, ist vollkommen richtig, wie wir später weiter ausführen werden.

Einen zweiten Beweis schöpft Deimling aus der Stammsage.[1]) Auch dieser indessen ist nicht stichhaltig. Die älteste Fassung der troischen Stammsage haben wir Il. Y 215 ff. Hier ist Dardanos der Sohn des Zeus und Gründer Dardanias. Sein Sohn ist der reiche Erichthonios, dessen Tros, von dem Ilos, Assarakos, Ganymedes stammen. Ilos gründet Ilion, von ihm stammen Laomedon und Priamos, von Assarakos dagegen Anchises und Aeneas, die Herrscher der Dardaner. Wir sehen hier auf die einfachste Weise die Eponymen der Dardaner, Troer und Ilions mit einander verbunden. Von einer Mischung verschiedener Stämme, von einer Einwanderung ist nirgends die Rede. — Dieser einfachen Sage gegenüber können die späteren Genealogien und Combinationen nicht als Beweise für historische Dinge und Völkerverwandtschaft herbeigezogen werden. Sie weichem vor allem in zwei Punkten von Homer ab: darin dass Teukros, der Eponym der Teukrer, eingemischt wird, und darin, dass Teukros oder Dardanos eingewandert sein soll. Letzteres geht zum Theil aus dem Bestreben der Griechen hervor, alle Völker von sich abzuleiten, zum Theil aus Uebereinstimmungen von Namen und Culten. So wird Teukros aus Attika abgeleitet, weil die Sage hier wie in Troja einen Erichthonios kennt;[2]) oder aus Kreta, weil hier ähnliche Culte wie in Troas herrschten, zugleich mehrfach gleiche Namen vorkamen, wie der des Idagebirges.[3]) Teukros soll aus Kreta gekommen sein;[4]) nach andern dagegen ist er der Sohn des Skamandros und der Nymphe Idaea, also in Troas

---

[1]) p. 91 ff.   [2]) Strabo XIII 1. 48.   Dion. Hal. I 61 aus Phanodemos, u. a.   [3]) Vgl. Strabo X 3, 20.   [4]) Strabo XIII 1, 48. Verg. Aen. III 108.

einheimisch.¹) Spätere aber lassen gar seinen Vater Skamandros aus Kreta kommen. ²) Dardanos dagegen soll aus Arkadien stammen und ein Sohn des Zeus und der Pleiade Elektra³) sein. Das ist aber doch nicht, wie Deimling will, ein Beweis für griechische Abstammung der Dardaner. Vor allem aber wird Dardanos benutzt um die Uebereinstimmungen des troischen und samothrakischen Cultus zu erklären (vgl. u.): nach der allgemein herrschenden Ansicht⁴) soll er zunächst von Samothrake nach Troas gekommen sein.⁵)

Diese Sagen und Combinationen können also durchaus nicht als Beweis für eine Völkermischung betrachtet werden; und die Alten berichten nichts von einer solchen. Dionys⁶) folgert aus der Abstammung des Dardanos aus Arkadien, des

---

¹) Apollodor III 12, 1. Diodor IV 75, 1. Conon hist. 21. Steph. B. s. v. Τεύκρος. Ἴδα ἡ πρῶτον βασιλεύσασα ἐν Τροίᾳ Charax bei Steph. B. s. v. Ἀδράστεια. vgl. u. p. 28, 5.
²) Trogus u. a. bei Servius ad Aen. III 108. cf. Nicol. Dam. fr. 21 Müller (= fr. 15 Dind.).
³) Dion. Hal. I 61. 68. Apollod. III 12, 1.
⁴) Apollod. III 12, 1. Diodor. V 48, 2 f. Strabo VII fr. 50. Skymnos Chios peripl. 679—692. Dion. Hal. I 61. 68. Schol. Apollon. Rhod. A 916. 917. Arrian fr. 64 Müller. Mnaseas bei Steph. Byz. s. v. Ἰάρδανος, u. a.
⁵) Nach Vergil (Aen. III 167) kommt Dardanos bekanntlich aus Italien. Um zu sehen, wie gross die Verwirrung in den Ueberlieferungen ist, vergleiche man die sich oft völlig widersprechenden Angaben im Servius (ad Aen. III. 104. 108. 167). — Aus den Angaben über Dardanos und Teukros sehen wir, was von den Berichten der Späteren über die Geschichte der Troer zu halten ist, und dass man ihnen weder irgend welchen historischen Werth zuschreiben, noch sie für alte Sagen halten darf; so die Erzählung von Ilos und der Kuh (s. u.); die von dem Kriege zwischen Ilos und Tantalos oder Pelops, in dem letzterer vertrieben wird (Diodor IV 74, wo Tantalos König von Paphlagonien ist; id. fr. inc. 4, II 186 Dind. und Herodian I 11, 4, wo Tantalos den Ganymedes raubt und das Schlachtfeld Pessinus [von πεσεῖν] ist; Nicol. Dam. fr. 17 Müller. 11 Dind.; Pausan II 22); von dem Kriege des Ilos mit den Bebryken. Alles derartige anzuführen ist durchaus nicht meine Absicht. ⁶) Ant. I 61.

Teukros aus Kreta, dass die Troer Hellenen seien; seine Behauptung beweist also nicht mehr, als die gleiche über den Ursprung der Römer. Nach allen andern sind die Troer Barbaren, nahe Verwandte der Phryger und Thraker. In der Einleitung zu seiner Geschichte rechnet Herodot die Troer zu den Asiaten und Nichtgriechen,[1]) und Strabo bezeichnet sie, wo er von der Etymologie von Skepsis redet, als Barbaren: εἰ δεῖ τὰ παρὰ τοῖς βαρβάροις ἐν τῷ τότε ὀνόματα ταῖς Ἑλληνικαῖς ἐτυμολογεῖσθαι φωναῖς.[2]) Nirgends findet sich eine Andeutung, dass die Troer Griechen seien. Die Tragiker nennen sie unendlich häufig Phryger, und wenn auch unser bester Gewährsmann, Strabo, dies für eine σύγχυσις τῶν ἐθνῶν erklärt, so behauptet doch auch er, dass sie nächste Verwandte der Phryger, Thraker, Myser u. s. w. seien.[3])

Auf die Richtigkeit dieser Ansicht weist alles hin, was wir sonst über die Troer wissen. Ueberreste der troischen Sprache haben wir nicht. Freilich behauptet Schliemann, dass die Striche auf einigen seiner Carroussels und auf dem Bauche einer Vase Schriftzüge darstellten, und er hat vielleicht Recht. Ob indessen diese Zeichen entziffert werden können, ist eine andere Frage, und bis jetzt hat sich wenigstens noch nichts sicheres aus ihnen ergeben.[4]) Somit bleiben uns zum Urtheil über die Sprache nur die Eigennamen. Hier bemerkt Strabo[5]) mehrfache Uebereinstimmung mit den Thrakern: es gibt einen Fluss Arisbos in Thrakien, eine Stadt Arisbe in Troas; Kebrene ist eine troische Landschaft, die

---

[1]) Herod. I 3.   [2]) Str. XIII 1, 52.   [3]) Str. XII 4, 4. vgl. VII 3, 2.
[4]) Ich habe allerdings die Entzifferungsversuche in der englischen Uebersetzung von Schliemanns Werk (vgl. Schliemanns Vortrag „Troja und seine Ruinen" Rostock 1875, p. 19) nicht gesehen. Sie scheinen indessen nichts Besseres zu bringen als den bekannten „göttlichen Sigos" (δίω Σίγω), an den zu glauben ich wenigstens nicht im Stande bin.   [5]) XIII 1, 21.

Kebrenier sind ein thrakischer Stamm; ebenso die Skaeer und Xanthier. Andrerseits sind troische Namen wie Asios und Askanios entschieden phrygisch. Wichtiger noch ist der ungriechische Charakter der Namen troischer Orte, wie z. B. Kebrene, Gergis, und vor allem der Dörfer, die ein Grabmonument aus dem obern Granikosthale aufzählt, wohin Kiepert Gergithion versetzt. Dort finden wir ὁ χῶρος ὁ Μοττιανῶν, ὁ χῶρος ὁ Βαιστιανῶν, Τρινοιξεῖτων, Ἀγρανῶν, Ἰλβειτηνῶν, Ὑχαντηνῶν,[1]) Namen, die gewiss Niemand für griechisch erklären wird. — Mit der phrygischen identisch war die troische Sprache auch nicht, wie der hymn. in Venerem zeigt. Hier gibt sich Aphrodite für eine Phrygerin aus, die von ihrer troischen Amme auch die troische Sprache erlernt habe; sie sagt zu Anchises: γλῶσσαν δ' ὑμετέρην καὶ ἡμετέρην σάφα οἶδα. Wir haben sie danach für einen eigenen kleinasiatischen Dialekt zu halten, der aber dem phrygischen gewiss vor allen andern nahe stand.

Zu der gleichen Annahme führt uns die Betrachtung der troischen Kunst, die, obwohl sich Uebereinstimmungen mit dem ältesten griechischen Kunsthandwerk zeigen, doch an der weitern Entwickelung desselben gar keinen Antheil genommen hat; vor allem aber die troische Religion. Alles was wir über diese erfahren, stimmt vollkommen überein mit der Religion der übrigen Kleinasiaten, der Phryger und ihrer Verwandten. Von speziell griechischem aber findet sich in ihr keine Spur. Wir werden dieselbe bald eingehender betrachten. Vorher müssen wir noch kurz den dritten Volksstamm besprechen.

III. Die Bebryker. An der Küste des Hellesponts nennt die Ilias die Städte Abydos,[2]) Arisbe,[3]) Perkote,[4])

---

[1]) Le Bas-Waddington Voy. arch., Expl. des Inscriptions, V^e partie: Asie Mineure no. 1745 = Kiepert Annali del Inst. 1842 p. 144.
[2]) Ι 500. Ρ 584.   [3]) Ζ 13. Μ 96. Φ 43.   [4]) Ζ 30. Λ 229. 329. Ο 548.

Paisos.¹) In Abydos und Perkote weiden Priamos' Söhne seine Heerden,²) wie A 105 in Ida; wir dürfen sie daher als troische Städte ansehen. Ein Fürst von Paesos dagegen wird E 614 als Bundesgenosse des Priamos bezeichnet. — Der troische Katalog zählt einige Städte mehr auf und zerlegt dieselben in zwei Fürstenthümer: das eine umfasst Perkote, Arisbe, Abydos und Sestos, das andere die Ebene Adrastea, das Mündungsland des Granikos, Apaisos (= Paisos), Pityeia und die Höhen des Gebirges Tereia, die nördlichsten Ausläufer des Ida.³) Doch ist die Autorität dieser Stelle sehr gering. Die meisten Verse sind anderen Stellen der Ilias entlehnt, ja in Folge der Benutzung von A 329 ff. werden Söhne eines Perkosiers Fürsten von Adrasteia und Paesos. Es liegt uns hier also weiter nichts vor, als eine Liste alter Städte am Hellespont. Denn alt sind die Orte jedenfalls: die meisten finden sich auch sonst in der Ilias; spätere Orte, wie Parion und Priapos, werden nicht genannt; statt Lampsakos erscheint sein älterer Name Pityeia.⁴) Abydos existirte vor der griechischen Colonisation auch nach Strabo (XIII 1, 8. 22). Auch die Einführung von Sestos scheint mir nicht so auffallend wie Niese;⁵) der Hellespont bildet durchaus keine Scheidewand zwischen Europa und Asien, und es wäre fast zu verwundern, wenn ein mächtigerer Staat auf der einen Seite nicht auch auf der anderen Fuss zu fassen suchte.

---

¹) E 612. ²) Δ 500. O 548.

³) B 828—839. Zu allem folgenden vgl. die sehr hübschen Ausführungen von B. Niese „der Homerische Schiffskatalog", Kiel 1873 p. 53 ff.

⁴) Strabo XIII 1, 15 und nach ihm die Neueren halten das homerische Pityeia für Pityus zwischen Parion und Priapos; da aber allgemein angegeben wird, Lampsakos habe vor der griechischen Colonisation Pityeia (Apoll. Rhod. A 923) oder Pityusa (Charon Lamps. fr. 6 Müller. Strabo l. c. 18. Plin. V 32, 141) geheissen, scheint es mir wahrscheinlicher, auch das homerische für dieses zu halten [mit Epaphroditos bei Steph. Byz. s v.]. ⁵) l. c. p. 54.

Nichts destoweniger können die Angaben des Katalogs aus den angeführten Gründen doch nicht als historische Quelle gelten, und ich stehe daher nicht an, Abydos, Arisbe und Perkote für troisch zu halten. Anders ist es mit Paesos und den benachbarten Orten, da, wie bemerkt, Amphios von Paesos zu den troischen Bundesgenossen gerechnet wird. Ich betrachte als die ältesten Einwohner dieser Gegend die Bebryker. Von diesen berichtet uns Charon von Lampsakos,[1]) dass sie die Ureinwohner der Gegend von Lampsakos (Pityusa) waren; ihr König habe die Phokaeer aufgefordert, hier eine Kolonie zu gründen; später sei es zu Kämpfen gekommen, in denen die Bebryker erlagen. Ferner sagt Strabo, nach dem troischen Kriege hätten Phryger die Gegend um Kyzikos besiedelt bis an den Praktios, einen Bach zwischen Lampsakos und Abydos, und um Abydos hätten sich Thraker angesiedelt; noch vor diesen Beiden aber Bebryker und Dryoper.[2]) Von Dryopern in diesen Gegenden weiss ich sonst nichts[3]) und auf die Thraker kommen wir später; die hier genannten Phryger aber sind wahrscheinlich mit den Bebrykern identisch, oder diese wenigstens ein Theil von ihnen. Dass sie erst nach dem troischen Kriege eingewandert seien, ist blosse Vermuthung Strabo's, der die Bewohner dieser Gegenden bei Homer für Troer hält.

Spätere, welche Teukros und Dardanos eingewandert sein lassen, machen nun die Bebryker zu Ureinwohnern von Troas. Nach Servius[4]) werden sie von Skamandros, Teukros Vater, besiegt. Und da nach Il. Υ 216 ff. die Hauptstadt der Troer bis auf Ilos Dardania im Gebirge war, erst dieser Ilion ἐν πεδίῳ

---

[1]) fr. 6 u. 7 Müller.   [2]) Str. XIII 1, 8.
[3]) Vielleicht verdanken sie dem Cult des Hylas bei den Mysern von Kios ihren Ursprung: sein Vater soll ja Theiodamas König der Dryoper sein; Preller Gr. Mythol. II 247.   [4]) ad Aen. III 104.

gründete, hat er nach Konon und Stephanus Byz.¹) die Bebryker besiegt und dies Gebiet erst erobert. Dionys nennt auch Dardanos und Ophrynion (dicht bei Ilion) bebrykisch;²) aber er ist ein zu schlechter Gewährsmann, als dass man ihm folgen oder gar mit Klausen die ganze troische Ebene bis Alexandria für bebrykisch halten könnte.

Häufiger werden die Bebryker im späteren Bithynien, zwischen den Mysern von Kios und den Mariandynern, erwähnt, deren König Amykos war.³) In späterer Zeit waren sie verschwunden,⁴) d. h. wohl, in den Bithynern aufgegangen. Ihr Name scheint wie der der Berekynter, mit dem der Phryger verwandt, ja vielleicht identisch, oder eine allgemeine Bezeichnung phrygischer Stämme; nach den Scholien zu Apollonios kamen sie auch in Lydien bei Ephesos und Magnesia vor.

Jedenfalls waren die Bebryker ein phrygischer Stamm;⁵) auf religiösem Gebiete kommt ihnen speziell der Cult des Priapos zu. Ihnen zunächst stehen die Dolionen, die phrygischen Bewohner der Landschaft von Kyzikos zwischen Rhyndakos und Aesepos,⁶) von denen sie aber durch die Troer von Zelea getrennt sind. Uebrigens sind sie, wie alle Phryger, auch den Troern nahe verwandt.

---

¹) Conon narrat. 12. Steph. B. s. v. Βυσναῖοι: B. ἔθνος Βεβρύκων ἀπὸ Βύσου βασιλέως αὐτῶν ἐπὸ Ἰλου φονευθέντος. Bei Konon heisst der König Byzes. Von den angeblichen Bysnaeern weiss ich sonst nichts.
²) Dion. Hal. I 54. 46. Lykophron 1474 nennt Priamos Reich Βεβρύκων παγκληρίαν, und hat ähnliches mehrfach.
³) Strabo XII 3, 3 f. Appian Mithr. 1. Apoll. Rhod. B init. u. 758. Schol. zu B 2. Dionys. perieg 804 und Eustath. dazu. Servius ad Aen. V 373.   ⁴) Plin. V 30, 127. Schol. Ap. Rh. B 2.
⁵) Apollodor bei Str. XIV 5, 23. Strabo selbst macht alle diese Stämme zu Thrakern (VII 3, 2. XII 2, 3).   ⁶) S. den geogr. Anhang.

§ 2.

Religion der Troer.

Bei der Besprechung der troischen Religion wird es unsere Hauptaufgabe sein, aus der Ueberlieferung den einheimischen Glauben und die wirklich troischen Culte herauszuschälen. Wir können natürlich, da uns alle Originaldenkmäler fehlen, nie ein genaues Bild von dem troischen Pantheon erhalten. Wie viele Götter lernen wir nicht z. B. aus den phönikischen, ägyptischen, assyrischen Inschriften kennen, die kein Grieche uns nennt! Auch Fragen, wie ob die Griechen mit Aphrodite und Artemis nur zwei Seiten éiner troischen und allgemein kleinasiatischen Gottheit bezeichnen, oder ob hier zwei getrennte Cultuswesen vorliegen, werden sich schwerlich je entscheiden lassen. Dennoch liegt das Material für die Troade nicht ganz ungünstig, und wir haben über manche lokale Culte sogar ziemlich reichhaltige Nachrichten. Im übrigen habe ich mich durchweg lediglich auf Troas beschränkt, und weitergehende Untersuchungen und Combinationen vermieden. Bei der heillosen Verwirrung, die noch immer in der kleinasiatischen Ethnographie und Religionsgeschichte herrscht, glaube ich ihr keinen besseren Dienst leisten zu können, als indem ich weiter nichts gebe, als was wir über einen speziellen Stamm wirklich wissen.

Wir beginnen unsere Untersuchung wie billig mit den beiden Hauptgöttern der Troade, dem Lichtgott, den die Griechen Apollo nennen, und der Göttermutter vom Ida.

1. Apollo und die Sibyllen.

Die Verehrung des Sonnengottes bezeugt vor allem Homer, bei dem Apollo durchweg als der Hauptgott der Troer, als ihr eifrigster Vertheidiger erscheint. Leider geben uns die griechischen Nachrichten keine Auskunft über seine Auffassung bei den Eingebornen, mit Ausnahme der oben gegebenen Bemerkungen über Apollo Smintheus, den Mäusetödter. Ueber denselben ist hier noch nachzutragen, dass er der späteren Sage nach seinen Beinamen erhält entweder, weil die Teukrer, als sie von Kreta einwanderten, im südlichen Troas von Mäusen überfallen wurden und sich darauf hier niederliessen — nach dem Orakel, sie sollten sich da ansiedeln, wo sie von den Erdgeborenen (γηγενεῖς) überfallen würden;[1]) oder weil Apollo seinem Priester Krinis in Chryse, dem er zürnte, verheerende Mäuse als Strafe schickte, die er dann später selbst vernichtete.[2]) Der Gott wird in späterer Zeit vor allem in Alexandria Troas verehrt, auf dessen Münzen der Name in der Schreibung Ἀπόλλωνος Ζμίθεως,[3]) auf römische Colonialmünzen Apol. Zminthe.[4]) erscheint. Eine Inschrift nennt ihn zusammen mit dem in Kleinasien in der späteren Zeit ziemlich häufig verehrten Asklepios[5]) und Lokaldämonen, den Moxyniten, über deren Bedeutung nichts weiter bekannt ist: Ἀγαθῇ τύχῃ· Σμίνθει Ἀπόλλωνι καὶ Ἀσκληπίῳ Σωτῆρι καὶ Μοξυνείταις Κλ. Φλαυρώνιος Μακρῖνος κουράτωρ ἐκ τῶν ἰδίων ἀνέθηκεν.[6]) Die sonstigen Cultusstätten des sminthischen Apollo sind schon erwähnt. Strabo bezeugt ausdrücklich, dass Apoll an der ganzen West- und Südküste von Troas überall verehrt wurde.[7])

---

[1]) Strabo XIII 1, 48. Serv. ad Aen. III 108. Tzetzes ad Lycophr. Cass. 1302.   [2]) Polemo Iliensis fr. 31 Müller.   [3]) Mionnet déscr. des med. II 65. 66. Suppl. V 70—73.   [4]) Mionnet II 80. Suppl. V 87.

[5]) In Troas findet sich Asklepios noch C. I. 3583. Nach Strabo XIII 1, 44 gründet Lysimachos ein Ἀσκλήπιον im Nordosten von Troas. Auf Kaisermünzen findet er sich auch in Troas mehrfach.

[6]) C. I. gr. 3577. Boeckh vergleicht zu den Moxyniten den Ort Mosyne in Phrygien (Plin. V 30, 126) und vermuthet, sie seien vielleicht mit den Korybanten identisch.   [7]) Str. XIII 2, 5.

Von dem „lichtentsprossenen" Apollo von Zeleia haben wir schon gesprochen. Zusammen mit der Artemis hatte Apollo Aktaeos ein Orakel in der Ebene von Adrastea; zu Strabo's Zeit war der Tempel zerstört, das Orakel verfallen, wie das von Zeleca.[1]) Aus den Ruinen bauten ihm die Bewohner von Parion einen Tempel in ihrer Stadt, dessen Altar, ein Werk des Hermokreon, besonders schön war. — Den Apoll von Priapos nennt eine Sage bei Tzetzes.[2]) — In Ilion tritt Apollo ganz hinter der Athene zurück; doch wird er auf den Inschriften ein paar Mal genannt,[3]) und vor allem ist hier die schöne von Schliemann gefundene Triglyphe zu erwähnen, die den aufgehenden Sonnengott darstellt. Dagegen bestand das alte Heiligthum des thymbräischen Apoll — gelegen am Einfluss des Thymbrios (Kemer Su) in den Skamander, in der Nähe des Dorfes Thymbra (beim Tschanaitepe), am Südabhang des Höhenzuges, an dessen Nordseite Ilion liegt — noch in später Zeit.[4]) Auch in Gergis hatte er einen Tempel.[5]) — Auf den Münzen der Troade findet er sich vielfach.

Den Cult des Apollo theilt Troas mit der ganzen Westküste Kleinasiens; ich brauche hier nur an Klaros, Didymoi, Lykien zu erinnern. Wie hier, hatte er auch in Troas Orakel: Strabo nannte uns Zeleca und Adrastea. Er ist auch der Gott, der die Sibyllen begeistert.[6])

Es ist unzweifelhaft, dass wir uns die Sibyllen als Prophetinnen zu denken haben, die, von Apollo inspirirt, den Menschen in dunkeln Orakelsprüchen die Zukunft offenbaren und sie über das Wesen der Götter belehren. Sie zeigen in der That eine grosse Verwandtschaft mit den hebräischen

---

[1]) Str. XIII 1, 13. [2]) ad Lycophr. 29. [3]) C. I. gr. 3595, 26. 3614. [4]) Strabo XIII 1, 33. Steph. Byz. s. v. Serv. ad Aen. III 85. [5]) Steph. Byz. s. v. [6]) Zu allem folgenden vgl Friedliebs Einleitung zu seiner Ausgabe der Oracula Sibyllina.

Propheten, und die spätere Zeit benutzte sie daher um ihre Speculationen über die Weltperioden, über das Wesen der Gottheit und den göttlichen Plan der Weltgeschichte in alten sibyllinischen Orakelsprüchen vorzutragen. Wir haben jedenfalls anzunehmen, dass in älterer Zeit die kleinasiatische Küste reich war an weissagenden Weibern, dass es Sibyllen in grosser Anzahl gegeben hat. Schon früh drang die Kunde von ihnen zu den Griechen: Heraklit und Plato sind die ersten die sie erwähnen. Indessen zu dieser Zeit war das alte nationale Leben in der Heimath der Sibyllen schon erstorben, die alten Gestalten schwebten nur noch dunkel vor der Erinnerung und wurden von der Ueberlieferung zu wenigen geheimnissvollen, übermenschlichen Wesen verschmolzen. Plato[1]) kennt nur eine Sibylle, die späteren nur wenige, über deren Heimath und Geschichte natürlich widersprechende Ansichten umliefen. Die Sibylle lebt durch unendliche Zeiten, heimathlos, überall herumwandernd, ein geheimnissvolles Werkzeug der Gottheit. „Mit dem Munde des Wahnsinns verkündet sie finstere, ungeschminkte, duftlose Worte und durch tausend Jahre reicht ihre Stimme durch die Gabe der Gottheit" sagt schon Heraklit.[2]) Auch nach der Auflösung des Körpers noch lebt ihre Stimme, und die geheimnissvollen Stimmen in Höhlen und Einöden sind ihr luftiger Rest.[3])

Aus den verschiedenen Ueberlieferungen stellte dann Varro eine Liste von zehn Sibyllen zusammen, die uns bei mehreren Schriftstellern erhalten ist.[4]) Es ist folgende:

---

[1]) Phaedros p. 36 Bekk.: καὶ ἐὰν δὴ λέγωμεν Σίβυλλάν τε καὶ ἄλλους, ὅσοι μαντικῇ χρώμενοι ἐνθέῳ πολλὰ δὴ πολλοῖς προλέγοντες εἰς τὸ μέλλον ὤρθωσαν, μηκύνοιμεν ἄν... [2]) Bei Plutarch. de pyth. or. 6.
[3]) Serv. ad Aen. VI 321. Clem. Alex. Strom. I 15, 70 (ed. Klotz) führt aus Serapion an, dass ihr Lufttheil als φῆμαι καὶ κληδόνες, ihr Leib in den Eingeweiden des Thiere, ihre Seele im Monde fortfahre zu prophezeien.
[4]) Lactantius de falsa religione I 4. Schol. Plat. Phaedr. p. 313 Bekker. Suidas s. v. Anonymi prol. in Orac. Sib. in der Ausgabe von Friedlieb

1) Die persische oder chaldäische Sibylle, Sambethe mit Namen. Andere nennen sie die Hebräerin, und nach Pausanias ist sie die Tochter des Berossos, Sabbe mit Namen.[1]) Sie hat mit unserer Untersuchung nichts zu thun, dagegen sind ihre Sprüche wohl in dem dritten Buch der uns vorliegenden Sibyllinen verarbeitet, das nach Friedliebs Untersuchungen von einem um 160 v. Chr. in Aegypten lebenden Juden (nach Pausan. nennen einige sie eine Aegypterin) verfasst ist und auch Weissagungen der erythräischen Sibylle enthält.

2) Die bei Euripides genannte libysche Sibylle, Tochter der Lamia.[2])

3) Die delphische Sibylle, die Chrysippos nennt.

4) Die cumäische, aus dem italischen Cumae, Mutter des Evander (die römische Carmenta[3])).

5) Die erythräische, die den troischen Krieg voraussagte, sowie, dass Homer Lügen über ihn berichten werde.[4]) Ueber sie handelte Apollodoros von Erythrae. Sie nannte ihren Namen in ihren Versen, sagte auch dass sie aus Babylon stamme. Nach Fenestella schickten die Römer im Jahre 76 v. Chr. eine Commission nach Erythrae, die etwa tausend ihrer Verse sammelte und nach Rom brachte.[5]) Aus Strabo erfahren wir, dass es hier mehrere Sibyllen gab, deren eine, Namens Athenais, zur Zeit Alexanders lebte.[6])

6) Die samische, Phyto mit Namen, von Eratosthenes genannt.

7) Die kymäische, Herophile, Demophile, Amalthea, oder Taraxandra genannt, die dem Tarquinius die sibyllinischen

---
[1]) Pausan. X 12, 9. Bei Justin. Mart. Coh. ad graecos 30 ist Berossos der Vater der cumäischen Sibylle.
[2]) Vgl. Pausan. X 12, 1. Nach Clem. Al. Strom. I 15, 70 aus Sidon.
[3]) Vgl. Preller Röm. Myth. 357 ff.
[4]) Ihre Worte sind Orac. Sib. III 414 ff. in der Bearbeitung des oben erwähnten Juden erhalten.   [5]) Lactant. l. c.   [6]) Str. XIV 1, 34.

Bücher verkaufte. Bei Virgil heisst sie Deiphobe,[1]) bei Pausanias Demo.

8) Die hellespontische, aus dem Dorfe Marpessos bei Gergithion, die nach Heraklides Ponticus zur Zeit des Solon und Cyrus weissagte.

9) Die phrygische, die in Ankyra lebte.

10) Die tiburtinische, Albunea, die nicht hieher gehört.

Natürlich ist der Werth dieser Liste nur ein bedingter. Sie stammt aus einer Zeit, wo es schon unächte Sammlungen Sibyllinischer Sprüche gab, verbindet wohl auch mehrfach nicht zusammengehöriges. Jedenfalls aber sehen wir aus ihr, dass man Sibyllen im ganzen vorderen Kleinasien kannte, in Samos, Erythrae, Kymë (von hier kam die Sibylle nach Italien), Troas und Ankyra [welchem? dem galatischen oder kleinphrygischen?].[2]) Im übrigen halten unsere anderen Quellen die einzelnen durchaus nicht auseinander, und namentlich wird die hellespontische gewöhnlich mit der erythräischen identificirt. Pausanias[3]) berichtet, die Sibylle Herophile sei in Marpessos, einem Dorfe der Troade, geboren, und sei viel umhergewandert, nach Samos, Klaros, Delos — die Delier schrieben ihr einen Hymnus auf Apollo zu — und Delphi; hier wurde der Felsen, von dem aus sie weissagte, noch in später Zeit gezeigt. Gelebt habe sie ihren Weissagungen zu Folge noch vor dem troischen Kriege. Die Alexandriner behaupten, sie sei eine Tempeldienerin des Apollo Smintheus gewesen und in seinem Haine zeigten sie ihr Grab, die Erythraeer dagegen beanspruchen sie für sich. Während die uns erhaltenen Sibyllinen monotheistisch sind, haben die von Pausanias bewahrten Sprüche einen rein polytheistischen Charakter. Die

---

[1]) Aen. VI 36.   [2]) Die delphische Sibylle ist jedenfalls nicht in Delphi heimisch. Nach Pausan. X 12, 1. 5 ist sie die erythräische, nach Clem. Al. Strom. I 15, 70 die libysche, I 21, 108 eine Phrygerin.
[3]) Paus. X 12.

Sibylle nennt sich Artemis,[1]) die eheliche Gattin, die Schwester und auch die Tochter des Apollo: sie sei halbgöttlichen Ursprungs, die Tochter eines Menschen und einer idäischen Nymphe. Nach Clemens Alexandrinus ist sie von den Musen aufgezogen.[2]) Interessant ist ihre Grabschrift bei Pausanias:

Ἀδ᾽ ἐγὼ ἁ Φοίβοιο σαφηγορίς εἰμι Σίβυλλα,
τῷδ᾽ ὑπὸ λαινέῳ σάματι κευθόμενα
παρθένος αὐδάεσσα τὸ πρὶν, νῦν δ᾽ αἰὲν ἄναυδος,
μοίρᾳ ὑπὸ στιβαρῇ τάνδε λαχοῦσα πέδαν,
ἀλλὰ πέλας Νύμφαισι καὶ Ἑρμῇ τῷδ᾽ ὑπόκειμαι
μοῖραν ἔχοισ᾽ Ἑκάτω τᾶς τότ᾽ ἀνακτορίας.

Bei dem Grabstein stand nämlich eine Herme und ein Brunnen von Nymphen umgeben. — Diese Verse zeigen uns zugleich, dass die Prophetin des Apoll für unvermählt galt.

Wie alle Mythen und Göttergestalten der Troade bringen die Späteren auch die Sibyllen mit Dardanos in Verbindung. Als er nach Troas kam, berichtet Arrian,[3]) vermählte er sich mit zwei Töchtern des Teukros, Neso und Baticia; von dieser stammen Erichthonios und Ilos, von jener Sibylla die Prophetin. Auch bei Lycophron[4]) heisst die Sibylle die Tochter der Neso.

Es erübrigt noch, die Heimath der troischen Sibylle zu besprechen. Die Listen nannten sie ein Dorf Marmissos oder Marpessos bei Gergithion.[5]) Der Ort wird gewöhnlich ἐρυθρός genannt, so bei Steph. Byz.: Μερμησσός, πόλις Τρωική, ἀφ᾽ ἧς ἡ Ἐρυθραία Σίβυλλα· ἦν δὲ πόλις αὕτη ἐρυθρά τῷ

---

[1]) So auch die phrygische Sibylle in Delphi bei Clem. Al. Strom. I 21, 108. Hier sagt sie, merkwürdig genug: ἤλθον ... αὐτοκασιγνήτῳ κεχολωμένη Ἀπόλλωνι.   [2]) Strom. I 15, 70.   [3]) fr. 64 Müller.
[4]) Alex. 1465.   [5]) Lactant. hat Marpessus und Gergithium, Schol. Plat. Μαρμυσσός und Γεργετίων, Suidas Μαρμίσσος und Γεργίττων, Pausan. Μάρπησσος, Steph. B. Μερμησσός und Μυρμισσός. Tibull II 5, 67 nennt sie Marpessia.

χρώματι. Bei Pausanias sagt die Sibylle selbst: πατρίς δέ μοί εστιν ερυθρή Μάρπησσος, μητρός (der idäischen Nymphe) ιερὴ, ποταμὸς τ᾽ Ἀιδωνεύς. Daher weissagt dem Aeneas bei Dionys[1]) die Sibylle, eine ἐπιχωρία νύμφη χρησμῳδός, in Erythrae, σχεδίῳ τῆς Ἴδης. Pausanias beschreibt den Ort genauer: er sei von Alexandria 240 Stadien entfernt, liege in den Schluchten des Ida, und habe etwa sechzig Einwohner. Der Boden sei röthlich und ausserordentlich dürr, so dass der Fluss Aidoneus mehrfach, und zuletzt gänzlich, unter der Erde verschwinde. Da nun andererseits Stephanus ein gewiss mit Marpessos identisches Μυρμισσός bei Lampsakos erwähnt, da nach Strabo[2]) Gergithion ein weinreicher Ort im Gebiete von Lampsakos ist, und nach Stephanus[3]) ein Ort Gergis im Gebirge Markaion, dem nördlichen Ausläufer des Ida, liegt, so kann kein Zweifel sein, dass wir beide Orte in der Nähe des oberen Granikos zu suchen haben, wie denn auch Kiepert Gergithion bei Bazarkiöi ansetzte. — Ein anderer Ort ist dagegen das Gergis, das später noch oft als letzter Wohnsitz der Teukrer zu erwähnen ist. Dies lag in der Nähe Ilions, dem es die Römer schenkten;[4]) und da nach Herodot[5]) Xerxes, von Ilion nach Abydos ziehend, Rhoeteon, Ophrynion, Dardanos zur linken, Gergis zur rechten lässt, ist die Vermuthung Calverts und Schliemanns, es sei in den Ruinen auf dem Balydagh (dem Troja Lechevaliers) zu suchen — der Balydagh liegt südöstlich von Ilion — wohl mehr als wahrscheinlich.[6]) Auch hier war indessen eine Sibylle heimisch, wie Stephanus aus Phlegon berichtet.[7]) Sie lag im Tempel

---

[1]) Dion. Hal. 1 55.   [2]) XIII 1, 19.   [3]) s. v. Μάρκαιον.   [4]) Liv. 38, 39, 10, der es Gergithum nennt.   [5]) Her. VII, 43.

[6]) Leider habe ich Frank Calverts Aufsatz über Gergis im Archaeological Journal von 1864 nicht zu Gesicht bekommen. Vgl. Schliemann Alterth. p. 207. Die dort mitgetheilte Inschrift beweist, dass Gergis in der Nähe Ilions lag (Z. 23).   [7]) s. v. Γέργις.

Apollos zu Gergis begraben, und wurde auf den Münzen der Stadt mit einer Sphinx zusammen abgebildet. Dazu stimmt, dass die von Mionnet[1]) mitgetheilte Münze von Gergis auf dem Av. einen Apollokopf, auf dem Rv. eine liegende Sphinx zeigt. In die troische Sage ist die Sibylle bekanntlich erst in nachhomerischer Zeit aufgenommen worden in der Gestalt der Kassandra, der Prophetin deren Stimme Niemand hört, weil sie Apolls Liebe verschmäht hat.

2. Göttermutter, Korybanten und Daktylen.

Die eigentliche Nationalgottheit Kleinasiens ist die Göttermutter, Ma oder Ammas „die Mutter", wie die Einheimischen sie nannten — ihr Name Rhea scheint ursprünglich auf Kreta beschränkt gewesen zu sein. Ueberall wird sie verehrt, in Komana, Pessinus, Mastaûra, Sardes, Kyzikos; nach den Berggipfeln auf denen sie thront, heisst sie Kybele, Agdistis, Dindymene, Sipylene, und „idäische Mutter". Diese namentlich bei den Römern so gebräuchliche Bezeichnung[2]) zeigt, wie sehr ihr Cultus in Troas heimisch war. So versetzt denn auch Lucian, wo er schildert, wie sie den Attis bejammernd auf ihrem Löwenwagen die Gebirge durchschweift, den verlorenen Liebling zu suchen, die Scene auf den Ida.[3]) Dagegen werden nur wenige Tempel der Göttin erwähnt — zu Lampsakos auf einem Hügel, nach dem sie die teraeische Mutter hiess,[4]) und in Andeira, einem Orte am Südabhange des Ida in der Nähe Adramytions, der auch mysisch gewesen sein kann[5]) — und auf Münzen ist sie gleichfalls nicht häufig: ein Beweis von wie geringem Werthe oft die griechischen

---
[1]) Suppl. V no. 496.   [2]) Vgl. die Inschriften der Kaiserzeit, namentlich die über die Taurobolien.   [3]) Dial. deor. 12.   [4]) Strabo XIII 1, 17. Das Geb. Tereia Il. B 829.   [5]) Strabo ib. 56. 63. 67. Plin. V 30, 126.

Culte und namentlich die Münzen für die einheimischen Götter sind. Eine Kybelestatue hat man in einem Grabe bei den Dardanellen gefunden.[1])

Es würde mich zu weit führen auf die Sagen von der Göttermutter, von Attis, auf die Stellung des Sabazios und anderer Götter zu ihr einzugehn. Auch ist es nicht nöthig, hier die Bedeutung der Göttin weiter auszuführen. Sie ist vor allem eine Erdgottheit, und daher die Göttin aller Zeugung, aller Produktion, aber auch des Erstarrens, des Todes. In diesem Punkte und in vielen Einzelheiten der Sage trifft sie nun allerdings mit der semitischen Astarte, Atargatis, Baaltis zusammen, indessen beweist das nach meiner Ansicht einen semitischen Ursprung noch nicht. Die persische Anāhita, die Demeter und Ge sind ebenso treffende indogermanische Analogien.

Der Ida ist recht eigentlich der Götterberg von Troas. Obwohl lange nicht so imponirend wie etwa der mysische Olymp, dessen gewaltige Masse unmittelbar aus der Ebene hervorsteigt, bildet er doch überall den Hintergrund der troischen Landschaft und ist hoch[2]) und unnahbar genug um als Aufgang in den Himmel, als Gewitter- und Schicksalsberg zu gelten. Folgerichtig setzt daher Homer seinen Zeus — dessen griechischer Gestalt kein troischer Gott zu entsprechen scheint[3]) — auf den Ida, lässt ihn von hier aus

---

[1]) Fellows, journal written in Asia Minor p. 81.

[2]) Herrn Schliemann beliebt es, ihn gelegentlich als mit ewigem Schnee bedeckt zu bezeichnen (Alterth. p. 15 u. sonst); er musste wissen, dass der Schnee nicht länger als etwa bis Ende Juni liegen bleibt.

[3]) Von einem Zeus in Troas findet sich — ausser auf spätgriechischen Münzen, wie einer Commodusmünze von Skepsis mit der Legende Ζεὺς Εἰδαῖος Σκηψιων, Διὰ Ἰδαιον auf einer Faustinamünze von Ilion [vgl. τῷ Διὶ τῷ Πολιεῖ C. I. 3599 Z. 24 in Ilion], Ζεὺς Τρώιος auf einer Münze von Hierapolis Phryg. (Mionnet II 254. Friedländer in Sallets

die Schlachten lenken und die Geschicke beherrschen; und wenn ihn hier Hera aufsucht und zu ihrer Umarmung die Erde Blumen spriessen lässt, liegt dem, wie längst bemerkt, die Sage von der Göttermutter zu Grunde. Sonst erscheint dieselbe in den homerischen Gedichten als Aphrodite, auf deren Gestaltung sie bekanntlich — neben der phönikischen Astarte — nicht wenig eingewirkt hat. Sie ist die Hauptfreundin der Troer; ihr Sohn ist Aeneas, der König der Gebirgsstämme,[1]) ihr Günstling Paris, der Königssohn. Die Identität beider Göttinnen war noch den späteren im Bewusstsein; wird doch bei Vergil Aen. X 83 der Venus zugeschrieben, was nach IX 80 ff. die Deum genetrix Berecynthia gethan hat! Auch sonst wird Kybele der Aphrodite gleichgesetzt, ferner der Demeter, der ihr analogen griechischen Göttin,[2]) und der Artemis. So sagt Hesychios: Ἀμμάς ἡ τρόφος Ἀρτέμιδος καὶ ἡ μήτηρ καὶ ἡ Ῥέα καὶ ἡ Δημήτηρ; und Κυβήβη ἡ μήτηρ τῶν θεῶν· καὶ ἡ Ἀφροδίτη... ἄλλοι δὲ Ἄρτεμιν. Da nun kein Zweifel sein kann, dass die ephesische Artemis eine griechische Gestaltung der kleinasiatischen Göttermutter ist, so dürfen wir, mit Berufung auf die eben angeführten Stellen, auch sonst die Artemis Kleinasiens nur als eine Seite der grossen Mutter betrachten, und zwar vor allem als die kriegerische, die bei den Römern als Bellona

---

Num. Ztschr. II 107 f.) — kaum eine Spur. Auch in der phrygischen Sage ist sein Verhältniss zu der Göttermutter und Attis keineswegs klar. Bei den Lydern und Karern bezeichnen die Griechen den höchsten Gott als Zeus.

[1]) S. vor allem den Hymn in Ven. — Aphrodite-Tempel im unteren Troas Plut. Luc. 12. Aphrodision bei Gargara Strabo 51. Wichtiger ist die Verehrung der Ἀφροδίτη Πόρνη in Abydos (Pamphilos und Neanthes fr. 35 Müller III p. 11, bei Athen. XIII 31 p. 572), ein Beiname, der auf asiatische Cultusformen hinweist. Die Späteren erzählen zur Begründung eine Geschichte, wie die Stadt durch eine Hetäre aus der Knechtschaft gerettet worden sei. — Auf Münzen ist A. selten.

[2]) Vgl. Preller gr. Myth. I 512.

(Enyo) erscheint.¹) Mit ihr überall verbunden sind die Amazonen, die kriegerischen Jungfrauen. Von ihnen finden sich Spuren auch in Troas in dem Grabhügel, den die Götter σῆμα πολυσκάρθμοιο Μυρίνης nennen,²) in dem Kampf der Phryger und Amazonen am Ufer des Sangarios, in dem Priamos jenen zu Hülfe zieht,³) in den Sagen der Späteren von der Penthesilea. Bei Homer ist Artemis eine der Schutzgöttinnen der Troer; später findet sie sich selten,⁴) ausser in den Ueberlieferungen von den Sibyllen. Ist Artemis die Göttermutter, so finden wir hier die Hauptgöttin der Troer zugleich als Schicksalsgöttin, die durch den Mund der von ihr begeisterten Prophetinnen die Zukunft verkündet, wie sie mit Apollo zusammen in Adrastea ein Orakel hat (s. o.). Weissagung werden wir auch sonst mit dem Cult der grossen Mutter verbunden finden.

Als Schicksal- und Rachegöttin hat die Göttermutter einen besonderen Ausdruck gefunden in der Gestalt der Adrastea, von deren Cult Landschaft und Stadt in der nordöstlichen (wahrscheinlich bebrykischen) Troade ihren Namen erhalten haben.⁵) So ist wenigstens die gewöhnliche Ueberlieferung; Strabo versichert uns freilich, es gebe hier keinen

---

¹) Man vgl. u. a. Lactant. I 21. Ferner Minerva Berecinthia) Orelli Inscr. lat. 2328—30.

²) Il. B 813. vgl. Strabo XII 8, 6. ³) Il. Γ 185 ff.

⁴) Tempel der Artemis in Abydos Polyb. 16, 31, 2. Auf Münzen der hellesp. Städte ziemlich häufig. Im Thale des Rhodios, etwa zwei Stunden oberhalb von Tschanakkalessi (Dardanellen) finden sich die Ruinen eines Artemistempels, aus dem eine Steinplatte, die Göttin mit einem Hunde darstellend, jetzt in einem Derwischkloster verwahrt wird, wie mir Herr Viceconsul Grosse mittheilte.

⁵) Vgl. u. a. Schol. Ap. Rh. A 1116. Die Identität der Adrastea und der Kybele hat zuerst nachgewiesen Marquardt, Cyzicus und sein Gebiet, p. 103 ff. Die Etymologie „die Unentrinnbare" ist allerdings wohl kaum die ursprüngliche.

Tempel der Adrastea oder Nemesis, sondern nur im Gebiete von Kyzikos; der Dichter Antimachos sage von diesem:

ἔστι δέ τις Νέμεσις μεγάλη θεός, ἣ τάδε πάντα
πρὸς μακάρων ἔλαχεν· βωμὸν δέ οἱ εἵσατο πρῶτος
Ἄδρηστος, ποταμοῖο παρὰ ῥόον Αἰσήποιο,
ἔνθα τετίμηταί τε καὶ Ἀδρήστεια καλεῖται.[1])

Dass die Göttin in Kyzikos verehrt ward, ist auch sonst bekannt. Sie ist jedenfalls eine echt phrygische Gottheit, und ihr Zusammenhang mit dem Adrastos, durch den die μεγάλη νέμεσις ἐκ θεοῦ an Kroesos vollzogen wird,[2]) nicht zu verkennen. Ihrem Ursprunge nach ist indessen Adrastea weit eher eine Naturgöttin als eine abstrakte Schicksalsgottheit. Die idäischen Daktylen, sonst die Begleiter der Göttermutter, heissen in der Phoronis „die kunstfertigen Diener der bergigen Adrasteia";[3]) und Aeschylos spricht von „dem berekyntischen Lande, wo der Adrasteia Sitz",[4]) während dies sonst als Sitz der Göttermutter gilt. Steph. Byz. (s. v.) berichtet: Διογένης ἐν πρώτῃ περὶ Κυζίκου φησὶν ἀπὸ Ἀδραστείας κεκλῆσθαι [τὸν τόπον] μιᾶς τῶν Ὀρεστιάδων νύμφων. So ist denn die Gebirgsnymphe Ida — die wir in Troas schon mehrfach fanden [5]) — ihre Schwester oder ihre Ahnfrau[6]) und schliesslich wird sie in die kretische Sage von der Geburt des Zeus eingeführt, an Stelle oder in Begleitung der Amalthea, und heisst eine Schwester der Kureten.[7])

Alles dies weist darauf hin, in Adrastea eine Form der

---
[1]) Str. XIII 1, 13. Aus Strabo entlehnt Steph. Byz.
[2]) Herod. I 34 ff.   [3]) Bei Schol. Ap. Rhod. A 1126. vgl. u. p. 33.
[4]) Bei Strabo XII 8, 21.   [5]) Auf Münzen von Skamandria oder Skepsis findet sich ihr Kopf mit der Beischrift Ἴδη, s. Imhof in Sallets Ztschr. f. Num. I p. 139. vgl. o. p. 10, 1. ferner Diod. XVII 7, 4.
[6]) Steph. B. s. v. Apollod. I 1, 6.   [7]) Kallimachos hymn. in Jov. 47. Apollod. 1. c. Apoll. Rhod. Γ 133 mit den Schol.

Göttermutter zu erkennen, die sich mehr und mehr von ihr getrennt und endlich ganz selbstständige Gestaltung angenommen hat.[1] —

Es ist bekannt, dass der Dienst der Göttermutter in wilden Orgien bestand, in der sich die Verehrer verstümmelten und in Raserei die Wälder und Berge durchjagten, den Attis zu suchen, ja ihr zu Ehren, dem Beispiele ihres Lieblings folgend, sich entmannten. Die Diener dieses Cultes sind in Kleinasien die Korybanten, die hier dieselbe Stellung zur Göttermutter einnehmen, wie in den nahe verwandten, doch nicht identischen, kretischen Culten die Kureten zur Rhea.[2] So unterscheidet beide richtig Lucian de salt. 7: πρῶτον δέ φασι Ῥέαν ἡσθεῖσαν τῇ τέχνῃ ἐν Φρυγίᾳ μὲν τοὺς Κορύβαντας, ἐν Κρήτῃ δὲ τοὺς Κουρῆτας ὀρχεῖσθαι κελεῦσαι.[3] Sonst werden gewöhnlich beide vermischt oder vertauscht, worüber ich hier auf den betreffenden Abschnitt Strabo's verweise.[4] Jedenfalls waren die Korybanten auch in Troas heimisch; nach ihnen hiess ein Ort Korybanteion bei Hamaxitos, ein anderer Korybissa bei Skepsis.[5]

Es würde zu weit führen, auf das Wesen der korybantischen Orgien einzugehen; ich will nur eine Stelle aus Arrian (fr. 47 Müller) hierhersetzen: (οἱ Φρύγες) μαίνονται τῇ Ῥέᾳ καὶ πρὸς Κορυβάντων κατέχονται ἢ γοῦν κορυβαντιῶσι δαιμονῶντες· ὅταν δὲ κατασχῇ αὐτοὺς τὸ θεῖον, ἐλαυνόμενοι

---

[1] Münzen von Sardes zeigen die Kybele mit einer Nemesis auf jeder Hand.

[2] Vgl. zu allem folgenden das dritte Buch von Lobecks Aglaophamos. — In späterer Zeit ist für die Verschnittenen allgemein der Name Gallen üblich, nach der einstimmigen Ueberlieferung abgeleitet vom Flusse Gallos bei Pessinus; aber doch wohl eher = Galli Γαλάται; der Name scheint zuerst von den Römern gebraucht worden zu sein, und der Tempeldienst von Pessinus war in dieser Zeit in den Händen der Galater.   [3] Vgl. Strabo X 3, 19.

[4] Str. X 3, 10–22. Uebrigens finden sich die Korybanten neben den Kureten auf der kretischen Inschrift C. I. 2555.   [5] Str. l. c. 21.

καὶ μέγα βοῶντες καὶ ὀρχούμενοι προθεσπίζουσι τὰ μέλλοντα, θεοφορούμενοι καὶ μαινόμενοι. Im übrigen beschränke ich mich auch hier auf einige für Troas speziell wichtige Punkte.

Die Korybanten sind ursprünglich aus einem primitiven Naturkultus hervorgegangen; aber wie alle solche Erscheinungen nahmen sie mehr und mehr einen mythologischen Charakter an. Es war natürlich, dass man auch die Göttin selbst mit einer Schaar von Begleitern umgab, die ihr Schicksal theilten, ihrer Freude und ihrem Leid Ausdruck gaben: von ihnen seien die korybantischen Orgien eingesetzt, die nun jährlich in Nachahmung ihres Thuns gefeiert wurden. Auch diese mythischen Dämonen nun werden häufig mit den mythischen Kureten Kretas, den Pflegern des jungen Zeus, verwechselt,[1]) ferner mit den idäischen Daktylen[2]) und nach Strabo selbst mit den rhodischen Telchinen, obwohl die Ueberlieferung noch deutlich die Unterschiede aller dieser mythischen Gestalten erkennen lässt. Ueber die Korybanten (al. Kyrbanten) erfahren wir, sie seien 9 oder 10 an der Zahl, und Söhne der Athene und des Helios, oder Kronos, oder Zeus und Kalliope, oder nach Pherekydes des Apollo und der Rhetia, oder des Apollo und der Thalia.[3]) Alles dies sind natürlich griechische Combinationen. Richtiger sagt Diodor,[4]) sie seien Söhne der Göttermutter, die auf Samothrake wohnten: ἐξ οὗ δ' εἰσὶ πατρὸς, ἐν ἀπορρήτῳ κατὰ τὴν τελετὴν παραδιδομένου.

An der Spitze der Korybanten steht nun ein einzelner

---

[1]) z. B. in Schol. Plat. Symp. p. 377 Bekk., womit Suidas s. v. stimmt — hier sollen die Kor. aus Zeus Thränen entstanden sein —; Serv. ad Aen. III 104. 111. Georg. IV 153.

[2]) Vgl. Strabo l. c.; VII fr. 51; Et. magn. Δάκτυλοι ... λέγονται δὲ Δάκτυλοι καὶ οἱ Κορύβαντες. Feruer s. v. Κύρβαντες. Auf die verkehrten Etymologien der Alten, z. B. von Κόρη, oder von κρύπτειν, kann ich hier nicht eingehen. Das richtige gibt Pott in Kuhns Ztschr. VII 241 ff. „die sich im Wirbel Drehenden".

[3]) Strabo l. c. 19. 21. Apollod. I 3, 4. [4]) III 55, 9.

Korybas, von dem sie benannt sein sollen. Nach Julian ist er die Sonne,[1]) nach andern identisch mit Attis. Nach Diodor ist er der Sohn des Jasion und der Kybele; auf Samothrake geboren, begleitet er nach Jasions Tode dessen Bruder Dardanos und die Kybele nach Asien, wo sie den Dienst der Göttermutter begründen; dieselbe wird nach der Kybele benannt, ihre orgiastischen Diener nach Korybas.[2]) In dieser Erzählung sind die verschiedenartigsten Sagen und Culte vermengt: die von Jasion, der in die Demetersage gehört, die kleinasiatischen und samothrakischen Culte, zu deren Vermittler Dardanos gemacht wird. Die letztere Angabe ist bei den späteren sehr gewöhnlich; unendlich häufig heisst Dardanos der Begründer des kleinasiatischen Cultus, den er von Samothrake — oder auch von Kreta — gebracht habe. Nach der älteren phrygischen Sage war dagegen Midas der Begründer des Cultus der Göttermutter, und bei Dionys ist es Idaeos der Sohn des Dardanos.[3]) Der Inhalt der eigentlichen Mysterien der Korybanten, von deren Weihen schon Plato spricht,[4]) liegt uns in verschiedenen Berichten Diodors, der Kirchenväter u. a. vor, und in seiner spätesten Gestalt in der Rede des Kaisers Julian über die Göttermutter.

Die Verbindung der Korybanten mit Samothrake findet sich auch sonst noch;[5]) dass indessen dieselben wirklich auch hier heimisch waren, folgt daraus noch nicht, da ja die

---

[1]) Or. in matrem deor. p. 167 B. Spanheim. Vgl. Cic. N. D. III 23, 57 Corybas als Vater des kretischen Apollo. [2]) Diod. V 49, 2 f. [3]) Dion. Hal. I 61. Ich setze nur ein Paar Stellen hierher: Strabo VII fr. 50 ist Dardanos Jasions Bruder, nach dessen Tode er von Samothrake nach Troas geht καὶ ἐδίδαξε τοὶ; Τρῶας τὰ ἐν Σαμοθράκῃ μυστήρια. Arnob. adv. gentes II 73 Phrygiam matrem, cuius esse conditor judicatur vel Midas vel Dardanus. Clemens Al. protr. 2, 13 mit den schol. Aus Kreta stammt der Cult der Kybele nach Verg. Aen. III 111 ff. [4]) Euthydemos p. 477 D. [5]) z. B. schon Pherekydes fr. 31 bei Str. X 3, 21. Dionys. perieg. 524.

späteren Griechen alle Geheimculte von Samothrake ableiten. Eben so wenig lässt sich entscheiden, ob die geheimnissvolle Insel, die allerdings von den Gestaden der Troade aus recht den Eindruck einer Götterburg macht, in weiter Ferne mächtig emporsteigend über das langgestreckte niedrige Imbros, ob, sage ich, von hier aus schon in älterer Zeit Gottesdienste nach Troas übertragen worden sind. Dass Nikolaos von Damaskos Heiligthümer der Kabiren in Phrygien erwähnt, dass die späteren diesen Namen öfter von einem angeblichen phrygischen Berge Kabeira ableiten,[1] beweist natürlich nichts. Dass die Kabiren in späterer Zeit in Troas κατὰ πόλεις verehrt wurden, bezeugt Strabo, und samothrakische Inschriften lehren uns Deputationen von Mysten kennen, die die Abydener und Kyzikener geschickt haben.[2] Auch ist es nur natürlich dass Kabiren und Korybanten mehrfach mit einander verwechselt werden. — Nach der römischen Ueberlieferung bringt bekanntlich Dardanos die alten Bilder der Kabiren nach Ilion und von hier Aeneas nach Italien; sie sind keine andern als die Penaten im Tempel der Vesta.[3] —

Die grosse Berggöttin ist umgeben von einer Schaar von Dämonen, die die Berge bewohnen und bebauen; dies sind die idäischen Daktylen. Nach unseren besten Quellen sind diese nur auf dem troischen Ida zu suchen, nicht in Kreta.[4]

[1] Nic. Dam. fr. 54 Müller = 38, 19 Dind. Athenikon bei Schol. Ap. Rhod A 917. Stesimbrotos fr. 14 bei Strabo X 3, 20 „in Berekyntien(!)". Steph. B.: Καβειρία πόλις τῆς κάτω Ἀσίας[!], ἧς τὴν γῆν Καβείριοι ᾤκουν. In Pergamon: Pausan. I 4, 6.   [2] Strabo X 3, 21; C. I. gr. 2157—60.
[3] Dion. Hal. I 67 Varro und Nigidius bei Macrob. Sat. III 4, 6 ff. u. a. Zuerst leitete Timaeos die Penaten von Lavinium aus Troja ab. S. Preller Gr. Myth. I 668. Röm. Myth. 548. Niebuhr, Röm. Geschichte.
[4] Nach Troas versetzen sie die Phoronis, Strabo X 3, 22. Diod. XVIII 7, 4. Apoll. Rhod. A 1126 bei dem sie jedoch aus Kreta stammen. Schol. Il. K 391. — Diodor V 64 versetzt sie nach Kreta, berichtet aber, nach Ephoros und andern seien sie vom phrygischen Ida gekommen: ferner die parische Chronik (Zl. 21 § 11). Hesiod bei Plin. VII 56,.197.

Auch hat Hoeck schon bemerkt, dass nur der troische Ida Eisen enthält, der kretische dagegen ganz metallarm ist.[1]) Clemens Alexandrinus versetzt die Daktylen nach Kypros, wohl schwerlich mit Berechtigung.[2]) Die idäischen Daktylen sind die Urbewohner des Ida; sie sind die ersten, welche den Bergbau, die Beschaffenheit und Bearbeitung des Eisens und Erzes gefunden haben und desshalb göttlicher Ehren theilhaftig geworden sind. Sie sind die Kinder des Idagebirges, Söhne des Zeus und der Ida, wie Stesimbrotos sagt, und Begleiter der Göttermutter. Wie die Argonauten der dindymenischen Mutter ein Opfer bringen, rufen sie neben ihr die idäischen Daktylen an:

Τιτίην θ' ἅμα Κύλληνόν τε,
οἳ μοῦνοι πόλεων μοιρήγεται ἠδὲ παρέδροι
Μητερός Ἰδαίης κεκλήαται, ὅσσοι ἔασιν
Δάκτυλοι Ἰδαῖοι Κρηταιέες.[3])

Der Verfasser der Phoronis sagt von ihnen:

[im Ida] ἔνθα γόητες
Ἰδαῖοι Φρύγες ἄνδρες ὀρέστεροι οἰκί' ἔναιον
Κέλμις Δαμναμενεύς τε μέγας καὶ ὑπέρβιος Ἄκμων
εὐπάλαμοι θεράποντες ὀρείης Ἀδρηστείης, [vgl. oben]

Hier sollen sie die Väter der Kureten oder Korybanten gewesen sein (Diod. u. Str. l. c.). Die Rolle der Kureten übernehmen sie bei Pausan. V 7, 6. Auch mit Samothrake werden sie in Verbindung gesetzt. Hier soll Orpheus von ihnen gelernt haben (Diod. V 64. Arnob. adv. gentes III 41). Nach Nigidius Figulus sind sie identisch mit den Kureten und den römischen Laren (Arnob. III 41; u. ä.). — Vgl. zu allem Lobeck Aglaophamos p. 1156 ff., ferner Klausen Aeneas und die Penaten p. 17 ff., der auch phrygische und lydische Daskylen nachzuweisen sucht, wie mir scheint, ohne Grund.

[1]) Hoeck Kreta I 279 ff. [2]) Strom. I 16, 75 ed. Klotz.
[3]) Apoll. Rh. A 1126 ff. Hierzu bemerkt Maeandrios im Scholion: Μιλησίους ὅταν θύωσι τῇ Ῥέᾳ προθύειν Τιτίᾳ καὶ Κυλλήνῳ: über Titias s. u.

οἱ πρῶτοι τέχνην πολυμήτιος Ἡφαίστοιο
εὗρον ἐν οὔρεἰησι νάπαις, ἰόεντα σίδηρον
ἐς πῦρ τ' ἤνεγκαν καὶ ἀριπρεπὲς ἔργον ἔδειξαν.[1])

Beide Stellen zeigen sie uns zugleich als Schicksalsdämonen; und dass derartige Gestalten zugleich Zauberer und geheimer Künste kundig sind, ist selbstverständlich; sie heissen daher oft γόητες,[2]) und nach Diodor lernt Orpheus bei ihnen. Ferner sind sie musikkundig, wie denn ja die Erfindung und Ausbildung der Musik, anknüpfend an die Namen Midas, Olympos, Marsyas, mit dem Cultus der Göttermutter im engsten Zusammenhange steht. Clemens schreibt ihnen die Erfindung des daktylischen Rhythmus zu,[3]) und nach Schol. Il. K 391 hat Paris bei ihnen gelernt; von Krinoeis, einem unter ihnen, der zuerst den Musen opferte, soll Terpander abstammen. So galten sie schliesslich für die ältesten Weisen, für uralte Wesen, die nach Thrasyllos (bei Clem. Al. Strom. I 401 Potter) 73 Jahre nach der Fluth, als der Ida abbrannte, das Eisen entdeckten.[4])

Dass der Name nicht „Däumlinge" im Sinne von „Zwerge" bezeichne, bemerkt Preller[5]) richtig, da sie in der Phoronis die Beinamen μέγας und ἐπέρβιος tragen. Die richtigste Erklärung ist die von ihrer fingerähnlichen Gewandtheit. Pollux sagt: τοὺς Ἰδαίους Δακτύλους κεκλῆσθαι λέγουσιν οἱ μὲν κατὰ τὸν ἀριθμὸν ὅτι πέντε, οἱ δὲ κατὰ τὸ τῇ Ῥέᾳ παυθ'

---

[1]) Bei Schol. Ap. Rh. l. c. [2]) Plutarch Numa 15 heisst es von Picus und Faunus: δυνάμει φαρμάκων καὶ δεινότητι τῆς περὶ τὰ θεῖα γοητείας λέγονται ταὐτὰ τοῖς ἐφ' Ἑλλήνων προσαγορευθεῖσιν Ἰδαίοις Δακτύλοις σοφιζόμενοι περιιέναι τὴν Ἰταλίαν.

[3]) Ferner Diomedes Gramm. lib. III 474 Putsch, der sie mit den Korybanten und Kureten vermischt, und andere, bei Lobeck Agl. 1159.

[4]) Zu allem diesem die Belege bei Strabo X 3, 22. Diod. V 64. Chron. par. Zl. 21. Plin. VII 56, 197. Apoll. Rhod l. c. mit schol. Clemens Alex. Strom. I 15, 73. 16, 75. Jul. Pollux Onom. I 256.

[5]) Gr. Mythol. I 518.

ὑπουργεῖν, ὅτι καὶ τῆς χειρὸς δάκτυλοι τεχνῖταί τε καὶ πάντων ἐργάται. Noch andere „fabeln, dass sie durch den Eindruck der Hände der sie gebärenden Mutter, entweder der Rhea oder einer Nymphe des Idagebirges, als sie während der Wehen krampfhaft in die Erde griff, oder dass sie aus dem Staube entstanden wären, den die Ammen des idäischen Zeus hinter sich durch die Finger geworfen hätten".[1]

Ueber die Zahl der Daktylen gibt es die verschiedensten Angaben. Nach Diodor sind es nach einigen hundert, nach andern zehn, nach Sophokles (bei Strabo l. c.) fünf männliche, fünf weibliche,[2] nach Pherekydes zwanzig rechte, zweiunddreissig linke: „die linken binden den Zauber, die rechten lösen ihn".[3] Als Namen der Daktylen nennt die Phoronis und wahrscheinlich die parische Chronik: Kelmis Damnameneus und Akmon, Strabo ausser diesen noch Herakles, Clemens: Kelmis Damnameneus Idaios, Pausanias: Herakles Paeonaeos Epimedes Jasios Idas,[4] Apollonios: Titias und Kyllenos, die Iliasscholien den Musiker Krinacos. Die ersten drei sind am besten beglaubigt; Preller erklärt sie: Kelmis Heizer, Damnameneus Schmied, Akmon Amboss. Auch der Name Herakles ist gut bezeugt, und es mag gerne einen Daktylen dieses oder eines ähnlichen Namens gegeben haben. Später wurde er mit dem griechischen Herakles vermengt. Zwar die meisten unterscheiden beide;[5] indessen in der Sage von Pisa trat schon frühzeitig der idäische Herakles an die Stelle des

---

[1] Preller l. c. Ap. Rh. A 1129 ff. Schol. zu 1126. Et. mg. s. v. Ἰδαῖος. Lobeck Agl. 1159.
[2] Arnob. adv. gentes. III 41: Digiti Samothracii quinque.
[3] ἀρίστεροι μὲν αὐτῶν οἱ γόητες, οἱ δὲ ἀναλύοντες δέξιοι Pherek. bei Schol. Ap. Rh. l. c.
[4] Paus. V 7, 6. vgl. 14, 7. Die Stelle ist indessen für Troas ganz unbrauchbar, da die Daktylen mit den Kureten identificirt werden.
[5] Cic. N. D. III 16, 42. Diod. III 74. V 64, 6. Pausan. VIII 31. 3. IX 27, 8.

Sohnes der Alkmene, und die späteren schreiben fast allgemein jenem die Einsetzung der olympischen Spiele zu.[1] Wohl irrthümlich ist bei Ap. Rhod *A* 1126 Schol. *B* 780 Titias unter die Daktylen versetzt; er gehört vielmehr, wie auch aus den Scholien hervorgeht, in die mariandynische Sage.[2]

3. Athene.

Keine Gottheit Ilions hat in alter wie in neuer Zeit grössere Berühmtheit erlangt als Athene. Bei Homer ist sie die Schutzgöttin der Stadt, ihr Götterbild thront im Tempel auf der Burg; erst nachdem es entwendet ist, kann die Stadt fallen. Später taucht es dann wieder auf — entweder stahl Odysseus ein falsches, oder Diomedes gab es wieder zurück.[3] Hier wurde es dann durch alle Wechselfälle hindurch bewahrt; selbst als Fimbria die Stadt zerstörte, ging es nicht verloren. Nach der römischen Ueberlieferung freilich brachte Aeneas es mit sich nach Italien, zusammen mit den Penaten, den samothrakischen Götterbildern (s. o.) — denn auch das Palladion hatte Dardanos von Samothrake gebracht; mit ihnen wurde es dann im Tempel der Vesta verwahrt. Nur bei Feuersbrünsten konnte die Menge es sehen, bis der Kaiser Heliogabalos in frevelhaftem Wahnsinn es mit seinem Gott vermählte.[4] Und als der Kaiser Constantin in Byzanz das

---

[1] So schon Dino Persica fr. 4 Müller (aus Suidas). Diod. l. c. Strabo VIII 3, 30. Pausan. V 7, 6. vgl. 8, 1. 13, 5.

[2] Nach dem Schol. ist es der älteste Sohn des Mariandynos, δι' ὃν μάλιστα τὸ ἔθνος ηὔξηται καὶ προάγεται ἔτι εἰς εὐδαιμονίαν ... ἀπεθεώθη δὲ ὑπὸ Μαριανδυνῶν. Sein Sohn ist Bormos (ad *B* 780).

[3] Freilich bemerkt Strabo mit Recht, dass das homerische Palladion eine sitzende Götterstatue war (Il. Z 303), während das spätere die Göttin stehend darstellte (Str. XIII 1, 41). S. die Beschreibung Apollodor III 12, 3, 2.

[4] S. vor allem Dion. Hal. I 67 ff. ferner II 67. Mnaseas bei St. B. s. v. *Ἰάρδανος*. Appian Mithr. 53. Herodian I 14, 7. V 6, 7 u. a.

neue Rom gründete, brachte er das alte ilische Palladion hierher, und vergrub es unter der grossen Porphyrsäule, die seine Statue trug, und die noch heute als „verbrannte Säule" in Mitten Stambuls sich erhebt.[1]) Dies sind Fabeleien der Späteren. Aber durch das ganze Alterthum gilt Ilion für ein Hauptheiligthum der Athene: Xerxes nicht minder als Alexander opfern ihr hier.[2]) Auf den Inschriften nimmt Athene durchweg die erste Stelle ein; ihr zu Ehren werden Panathenaeen gefeiert, an denen auch die benachbarten Orte theilnehmen.[3]) Wichtiger ist, dass auch die Teukrerstädte Gergis und Skepsis Athene als Hauptgöttin verehren: Derkyllidas bemächtigt sich ihrer unter dem Vorgeben, der Athene opfern zu wollen.[4]) Auf Münzen findet sich Athene häufig in allen troischen Städten.

Alles dies beweist, dass es wirklich eine troische Göttin gab, die die Griechen ihrer Athene gleichsetzten. Es war die Schutzgöttin der Städte, eine Athene Polias. Nun ist auch die Göttermutter eine Schirmerin der Städte — als solche trägt sie die Mauerkrone — und man könnte geneigt sein, sie für die ilische Athene zu halten, zumal da das Palladion, wie die Steinbilder der Kybele, für vom Himmel gefallen, διοπετές, galt.[5]) Indessen muss man mit derartigen Identificirungen vorsichtig sein: alle Naturgottheiten sind mit einander verwandt, und wie viele griechische, ägyptische, indische Gottheiten könnte man nicht bei mangelhafter Ueberlieferung für identisch erklären!

---

[1]) Zonaras Ann. XIII Vol. II p. 6 C ed. Venet. [2]) Herod. VII 43. Xen. Hell. I 1, 4. Arrian I 11, 7. Strabo XIII 1, 26. vgl. u. [3]) C. I. gr. 3595. 99. 3601—4. 3626. [4]) Xen. Hell. III 1, 21 f. [5]) Appian. Mithr. 53. Apollodor III 12, 3: „es war drei Ellen lang, die Füsse waren verbunden, in der Rechten hielt es einen Speer, in der linken Spindel und Spinnrocken". Bei Diod. fr. inc. 4 Vol. II p. 186 Dind. wird es mit dem Bilde von Pessinus vermengt.

Bekanntlich behauptet nun Schliemann, die Darstellung der ilischen Athene in Vasen und Idolen gefunden zu haben, die einen Eulenkopf trügen. Wären diese wirklich vorhanden, so würden wir schwerlich zweifeln können, hier Bilder der γλαυκῶπις Ἀθήνη vor uns zu haben, obwohl allerdings zu bemerken wäre, dass γλαυκῶπις ein Beiname der griechischen, speziell der attischen, Athene ist, nicht einer troischen Göttin, und dass das ilische Palladion, das, mag es nun das homerische sein oder nicht, jedenfalls sehr alt war, einen Menschenkopf trug. Es ist indessen schon von verschiedenen Seiten nachgewiesen worden,[1]) dass hier gar keine Eulenköpfe vorliegen, dass wir es vielmehr mit primitiven Gesichtsurnen zu thun haben, die sich auf ganz fremdem Gebiete, in Hinterpommern, in ganz gleicher Gestalt gefunden haben — wie denn überhaupt diese Figuren mit den primitiven Darstellungen von Menschen und Göttern in ähnlicher Weise bei allen Völkern, in Amerika und Afrika wie in Asien und Europa, wiederkehren. Nun behauptet freilich Keller wieder, dass „die zu einem Schnabel zugespitzte Nase" auf den Vasen ganz sicher sei, während die Eulenköpfe der sogenannten Idole allerdings höchst zweifelhaft seien.[2]) Ich habe indessen in den mir allein zugänglichen Abbildungen kein Beispiel gefunden, das einen Vogelkopf anzunehmen zwingt; wir haben nur auf einigen besonders stark hervortretende, weil roh angesetzte Nasen.[3]) Dagegen stellen andere mit ganz ähnlichen Nasen offenbar Menschenköpfe dar, wie der darunter befindliche Mund beweist.[4]) Einen Grund nun beide Kategorien zu sondern, sehe ich nicht. Ueberdies,

---

[1]) Zuerst von Bursian, Lit. Centralbl. 1874, März. Vgl. ferner L. v. Sybel, über Schliemanns Troja.
[2]) Keller, die Entdeckung Ilions zu Hissarlik. Freib. 1875. p. 53 Anm.
[3]) z. B. Atlas Taf. 132 no. 2670, 8 Meter tief.
[4]) z. B. Taf. 75 no. 1621—23. 8 Meter tief, Taf. 85 no. 1786 aus 10 Meter Tiefe.

wie sollten die Ilier dazu gekommen sein, ihre Göttin auf zum gewöhnlichen Gebrauch bestimmten Gefässen abzubilden? Denn mit religiösen Gefässen, wie etwa den ägyptischen Eingeweideurnen, haben wir es hier doch nicht zu thun; das beweist schon ihre Anzahl. — Neuerdings hat Keller geglaubt den einheimischen Namen der ilischen Göttin nachweisen zu können; er soll Ate gewesen sein.[1]) Es gab nämlich im Alterthum eine Sage, dass Ilos auf den Rath des Orakels einer bunten Kuh folgte, eine Stadt zu gründen, wo sie sich niederlegte; sie führte ihn „auf den sogenannten Hügel der phrygischen Ate" und hier gründete er Ilion. Dieser Bericht ist bei Apollodor und Tzetzes ad Lykophr. erhalten, die, da sie vielfach im Wortlaute übereinstimmen, aus derselben Quelle schöpfen.[2]) Ferner sagt Lykophron, Alexandra habe geweissagt

Ἄτης ἀπ' ἄκρων βουπλανοκτίστων λόφων.

Danach hat Eustath. ad Il. T 136 φασὶ δὲ εἰς Ἴλιον κατενενέχθαι ῥιφεῖσαν τὴν Ἄτην (als nämlich Zeus sie aus dem Himmel schleuderte), διὸ καὶ Ἄτης λόφος ἐκεῖ, οὗ ὁ Λυκοφρῶν μέμνηται· τοῦτο δὲ ἀστείως διὰ τὰς μεγάλας ἄτας, ἃς ἐκ Διὸς οἱ Τρῶες ἔπαθον; ebenso die Iliasscholien, die sich auf Apion und Herodoros berufen. Endlich hat Stephanus Byzantinus Ἴλιον . . . ἣν οἱ Τρῶες Ἄτην ἐκάλουν καὶ Ἄτης λόφον; und Hesych. Ἄτης λόφος· οὕτως τὸ Ἴλιον ἐκαλεῖτο. Aus alle dem scheint mir klar zu sein, woher der Name stammt. Ein Dichter, wahrscheinlich ein Tragiker, hatte Ilion einmal „die Unglücksstadt", den Hügel der Ate genannt. Die Späteren waren nur zu froh, hier einen Namen für Ilion zu finden, den dieses vor der Gründung durch Ilos getragen hatte. So hatte man zugleich die Stelle, wo Ate bei ihrem Falle vom

---

[1]) In der angeführten Schrift p. 19 ff.   [2]) Apollodor III 12, 3. Tzetzes ad Lykophr. Alex. 29.

Himmel zur Erde kam, und die Homer zu nennen vergessen hatte. Die Sage von Ilos und der Kuh mag alt und einheimisch sein — doch ist ihre Beglaubigung nicht die beste — aber auf Grund dieser Stellen eine Göttin Ate anzuerkennen, verlangt starke Glaubenskraft, trotz des Beisatzes die phrygische (ἐπὶ τὸν λεγόμενον τῆς Φρυγίας Ἄτης λόφον).

4. Griechische Heroen und Götter. Ganymedes.

Es ist natürlich, dass die Griechen, als sie Troas colonisirten, ihre Götter und Heroen mit sich brachten, dass sich viele Localculte und Sagen bildeten. Vor allem natürlich die Helden des trojanischen Krieges. Man zeigte und verehrte in den Grabhügeln am Hellespont die Gräber des Aiax, Achilleus, Patroklos. Alle diese wurden von den Neu-Iliern verehrt, ebenso Aeneas (C. I. gr. 3606: Ἰλιεῖς τὸν πάτριον θεὸν Αἰνείαν); ihre Münzen zeigen diesen mit Anchises und Askanios, Hektor, und ebenso Romulus und Remus.[1] Hieraus indessen und aus den sonstigen Sagen — z. B. der von Kyknos, dem Fürsten Kolonae's und Tennes, dem Eponymen von Tenedos — sowie aus den Gottheiten der griechischen Münzen auf alte einheimische Culte zu schliessen, halte ich für vollständig unmöglich. Gewiss haben die Griechen auch hier manches Fremde aufgenommen, aber noch weit mehr Eigenes hinzugefügt; und da nur zu häufig noch spätere gelehrte Combinationen hinzukommen, da uns alle Controlle fehlt, ist eine Sonderung unmöglich. Ich kann daher mit den Forschungen Klausens[2] fast in keinem Punkte übereinstimmen. Was er z. B. p. 48 über die angebliche Entwickelung der Aeneassage in Gergis und Skepsis sagt, ist zwar sehr möglich, lässt sich aber in keinem Punkte beweisen.

[1]. Strabo XIII 1, 32. Mionnet II 195 f. 201. Suppl. V 399—405, u. a.
[2] Aeneas und die Penaten, im ersten Theile.

Für seine Behauptungen und seine Methode ein Beispiel. Er will (p. 56 ff.) nachweisen, dass in den Städten des nördlichen Troas, Parion, Abydos, Dardanos, Ilion, Alexandria, die er für bebrykisch hält, ein Poseidoncult herrschte. Dies folgert er zunächst aus den Münzen dieser Städte, die häufig einen Stier zeigen. Dies deutet auf einen Cult des Poseidon „der durch Stieropfer dionysisch gewonnen wird". Ich vermag darin nur einen Beweis für den Rinderreichthum dieser Gegenden zu finden, wie das Pferd auf den Münzen von Alexandria auf Rossezucht deutet. Auch in Arisbe soll Poseidon verehrt worden sein. „Dies ist bei Homer durch Pferdezucht ausgezeichnet; an den von dort mitgebrachten Rossen hängt Asios mit Eitelkeit und Leidenschaft, sein Gemüth und Benehmen ist unbesonnen und hochfahrend: Beides mag mit einem Dienst des Poseidon zusammenhängen, der auch dadurch schon gewiss wird, dass Arisbe gleich bei Homer eine der ansehnlichsten Seestädte von Troas ist (Φ 43)". Aber waren denn die Bebryker Griechen? Und dürfte man bei diesen solche Schlüsse machen? Selbst auf Münzen ist Poseidon äusserst selten.[1] Nach Klausen freilich ist der Charakter der Bebryken „poseidonische Gewaltsamkeit, welche aphrodisisch überwunden wird" (p. 82).[2] —

Nur eine Gestalt der Sage scheint wirklich troischen Ursprungs zu sein, Ganymedes, der schöne Knabe, den Zeus seinem Vater, dem troischen Könige, raubt. Wir haben hierin

---

[1] Abydos: Mionnet II 47. Lampsakos: ib. Suppl. V 542 f. 587. Alexandria V 86.

[2] Eine Trajans-Münze von Arisbe (Mionnet II 163) zeigt den Herakles, der den nemeischen Löwen erwürgt; nach Klausen (p. 60 f.) ist hier der Löwe „das Werkzeug des Zornes der Göttermutter", Herakles „unter dem man am Fuss des Ida nur den idäischen, den hieratischen, suchen darf [etwa auch in dem jungen Herakles, der die Schlangen erwürgt? Mionnet II 284. 294. V 545 f. aus Lampsakos] überwältigt den Götterzorn durch seine Stärke".

vielleicht ein troisches Analogon zu den auch sonst in Kleinasien vorkommenden Sagen von dem plötzlichen Verschwinden schöner Jünglinge, die gewiss aus analogen Anschauungen hervorgegangen sind, wie die vom Tode des Osiris, des Adonis, des Baldur, vom Verschwinden des Attis. So betrauerte man im mysischen Kios den Hylas — nach den Griechen der Liebling des Herakles —, der jedes Jahr aufs neue mit Klagerufen gesucht ward,[1]) und die Mariandyner (bei Heraklea) beklagten auf gleiche Weise den Bormos.[2])

Als Ort des Raubes gilt ein Ort Harpagia in der Nähe von Priapos.[3]) Um zu zeigen, wie die Späteren erfinden, führe ich an, was Suidas s. v. *Μίνως*, vielleicht aus Nikolaos, berichtet: Minos, der seebeherrschende König, habe den Tros besucht, auf der Jagd die Schönheit des Ganymedes gesehen, ihn rauben lassen (*ὁ δὲ τόπος ἐκλήθη Ἁρπάγια*) und nach Kreta entführt. Der Knabe tödtete sich selbst, Minos bestattete ihn in dem Tempel (des Zeus?), *ἐξ οὗ δὴ καὶ λέγεται Γανυμήδην μετὰ Διὸς ὑπάρχειν*. — Nach andern kämpft Tros gegen Tantalos wegen des Raubes des Ganymedes.[4])

5. Priapos.

Auch diesen Gott müssen wir hier besprechen, da die Ufer des Hellespont, Lampsakos und Priapos, seine eigentliche Heimath sind. Letztere Stadt ist nach ihm benannt; Lampsakos soll er gegründet haben.[5]) Er galt hier für einen Sohn des Dionysos und der Aphrodite; durch Zauber gab ihm Here seine Missgestalt und Aphrodite verläugnete ihn nach der

---

[1]) Strabo XII 4, 3. Apoll. Rhod. *A* 354 ff.
[2]) Nymphis Herakl. fr. 9 Müller (III 73). Bei Apoll. Rh. *B* 780 ff. tritt Priolas an seine Stelle, vgl. das Scholion. *θρηνῶν αὐληταί* heissen die Mariandyner bei Eustath. ad Dion. perieg. 791.
[3]) Strabo XIII 1, 11. Steph. Byz. s. v.   [4]) Herodian I 11, 4. Diodor fr. inc. 4, II p. 186 Dind.   [5]) Sowie Perkote nach Hesych. s. v. *Πριηπίδος*.

Geburt; danach wurde der Ort der Geburt bei Lampsakos Abarnos (von ἀπαρνεῖσθαι) benannt.¹) Nach Strabo ist er der Sohn einer Nymphe und des Dionysos, nach Athenaeos mit letzterem identisch und ursprünglich ein Beiname desselben, wie θρίαμβος und διθύραμβος; noch andere identificiren ihn mit Hermaphroditos.²)

Dies sind griechische Combinationen; seinem Ursprunge nach ist der Hauptgott von Lampsakos³) ein bebrykischer Gott. Dies ergibt sich daraus, dass er sich als einheimischer Gott nur noch in Bithynien wiederfindet: die Urbewohner Bithyniens waren Bebryker (p. 15), die Bithyner erst später herübergekommene Thraker; es ist daher anzunehmen, dass sie den Priapos aus der Religion jener herübernahmen. Lucian erzählt nach bithynischer Sage, er sei eine kriegerische Gottheit (τὸν Πρίαπον δαίμονα πολεμίστην, τῶν Τιτάνων οἶμαι ἕνα ἢ τῶν Ἰδαίων Δακτύλων[?]), dem Here den Ares zur Erziehung übergeben habe; er habe ihn tanzen gelehrt, ehe er ihn im Kampfe unterrichtete. Und Arrian berichtete in seiner bithynischen Geschichte, Priapos (den er Πρίεπος nennt) bezeichne die Sonne wegen ihrer Zeugungskraft.⁴) Letzteres ist unzweifelhaft richtig. Priap ist seinem Ursprunge nach ein ityphaller Sonnengott, wie Amon (Chem) und der Horusstier der Aegypter; andererseits wird der Sonnengott leicht eine kriegerische Gottheit. Die Dichter berichten eine Sage, wie er beim Feste der Göttermutter der Vesta [wer ist dies?]

---

¹) Steph. Byz. s. v. Ἄβαρνος und Λάμψακος. Et. mg. s. v. Ἀβαρνίδα. Schol. Ap. Rh. A 932. Tzetzes ad Lykophr. 831, wo er Sohn des Adonis ist. — Diodor IV 6. Pausan. IX 31, 2.
²) Strabo XIII 1, 12. Athenaeus I 54 p. 30. Mnaseas in Schol. Lucian. dial. deor. 23. Diodor IV 6. ³) Λαμψακηνοὶ δὲ (αὐτὸν) ἐς πλέον ἢ θεοὺς τοὺς ἄλλους νομίζουσι Paus. IX 31, 2.
⁴) Lucian de saltat. 21. Arrian fr. 32 Müller aus Eustath. ad Il. H 459: Πρίεπος παρὰ Ἀρριανῷ ἐν Βιθυνιακοῖς, παρ' ᾧ καὶ εἰς Ἥλιον ἀλληγορεῖται διὰ τὸ γόνιμον.

nachgestellt habe; aber der Esel der Silen habe ihn durch sein Geschrei verrathen. Daher opfern ihm die Lampsakener einen Esel.¹) Die Griechen erklären den Cult des Priapos an der hellespontischen Küste aus dem Weinreichthum der Gegend.²) Dies ist auch der Grund wesshalb auf den Münzen der dortigen Städte so häufig Dionysos erscheint, ebenso der Fruchtbarkeit wegen Demeter mit der Aehrenkrone.³) Dass der Cult des Dionysos hier einheimisch war, erfahren wir nicht; sonst wäre an Sabazios zu denken.

Auf Münzen ist Priapos in der älteren Zeit selten,⁴) wie denn überhaupt diese Gestalt den Griechen immer etwas fremdartig und zu roh erschien (vgl. z. B. Diodor IV 6). Besonders verehrt wurde der Gott in Orneae, nördlich von Argos.⁵) Bei den Römern kam er sehr in Aufnahme; und in der Kaiserzeit verbreitete er sich über die ganze Welt.

Es ist wohl kaum nöthig, das Ergebniss unserer Untersuchungen für die ethnographische Stellung der Troer noch besonders auszusprechen. Die troische Religion ist durchweg kleinasiatisch; die Hauptgottheiten sind theils Gottheiten der kleinasiatischen Küste, theils der ganzen Halbinsel; griechische Elemente haben wir nicht gefunden. Selbst für die Curtius'sche Auffassung als Halbgriechen finden sich keine Anhaltspunkte.⁶) Genug, die Religion der Troer bestätigt in jeder Beziehung das Ergebniss unseres ersten Abschnitts.

¹) Ovid. Fast. VI 319—346. Lactant. de falsa rel. I 21. Anders Ovid. Fast. I 391—440. ²) Strabo XIII 1, 12. vgl. 19. Thuk. I 138, 5 u. a. ³) S. Mionnet; in Lampsakos, Parion, Priapos, Abydos.
⁴) Lampsakos: Mionnet II 313 f. V 582. Parion V 675. In der Kaiserzeit: Lampsakos II 321 ff. V 592 ff. u. a. ⁵) Str. VIII 6, 24. XIII 1, 12.
⁶) Damit will ich eine Verwandtschaft der Griechen und Kleinasiaten durchaus nicht bestreiten. Beide sind Indogermanen, ja beide mögen innerhalb dieser eine engere Gruppe bilden.

§ 3.

Die ältesten Städte der Troade. Lage und Ruinen von Ilion.

Die troische Landschaft bildet eine Anzahl kleiner Flussthäler, die, an den Kern des Idagebirges und an dessen nach Norden sich ziehenden Ast sich anlehnend, nach dem Meere zu sich öffnen, an den Seiten von den Ausläufern des Gebirges eingeschlossen. Der östlichste Fluss, der dem Ida entspringt, ist der Aesepus; ihm folgt der Granikos mit breiterer Mündungsebene, der Adrastea. Westlich von derselben bildet das Gebirge, das Homer Tereia nennt, weiter ans Meer vortretend, den nördlichsten Vorsprung der Troade, und zieht sich den ganzen Hellespont entlang, höher im innern (Markaion) niedrig am Ufer, und von zahlreichen Bächen mit breiter Mündungsebene durchschnitten, unter denen der Praktios und der Rhodios die bedeutendsten sind. Ein grösserer Fluss ist nur der Skamander, mit eigenartigem Lauf.[1] Er kommt von dem höchsten Theile des Ida (Gargaros), tritt dann in eine grosse ziemlich breite Ebene, die sich zwischen der Hauptkette des Ida und dem niederen Aladagh (Kotylos) nach Westen hinzieht, und hier durch den vorliegenden Tschigbridagh abgeschlossen wird; er nimmt dann in der Nähe von Ineh [Neandria?] einen grösseren, von Süden kommenden Bach auf und wendet sich nach Norden. Hier treten die Gebirge (rechts Karadagh, links Tschamlidja) von beiden Seiten eng heran, in einer Höhe von 500 bis 1000 Fuss, und bald windet sich der Skamander für mehrere Stunden

---

[1] Vgl. Forchhammer, topographische Beschreibung der Ebene von Troja.

durch eine enge Felsschlucht, im Sommer ein schmales Bett kaum füllend, im Winter als mächtiger Strom, der oft kaum einen Fusspfad zur Seite lässt. Plötzlich öffnet sich die Schlucht, und die letzten zwei Meilen seines Laufes führen durch eine breite Ebene, die er im Winter häufig weithin unter Wasser setzt, während sie im Sommer fast ausgetrocknet ist.[1]) Am Ufer des ägäischen Meeres zieht sich eine etwa 150 Fuss hohe Hügelreihe hin, zur Rechten erhebt sich niedriges Hügelland, das allmählich zu grösseren Höhen aufsteigt, und von zwei Thälern durchschnitten ist, dem des Kemer Su (Thymbrios), der in den Skamander fliesst, und in dem ich im September noch ein wenig Wasser fand, und der breiten Thalebene des Dümbrek Tschai (Simoeis), die damals ganz ausgetrocknet war. Letzterer fliesst nahe dem Skamander in den Hellespont.

Die Westküste der Troade ist wasserarm und hat nur wenige kleine Bäche aufzuweisen; das Land zwischen ihr und dem Skamander ist meist dürres, ödes Hügelland, mit mehreren vereinzelten Berggipfeln. Der einzige Bach von Bedeutung ist der Satnioeis, in der Nähe des Vorgebirges Lekton (Baha Burnu). Die Südküste ist ein schmaler Ufersaum, hinter dem sich die Gipfel des Ida erheben; im innersten Winkel liegt die Ebene von Thebe mit dem Bache Killos.

Wir haben uns die ältesten Bewohner der Troade als einfache schlichte Landleute ohne hohe Civilisation zu denken, deren Hauptbeschäftigung in Ackerbau und noch mehr vielleicht in Viehzucht bestand. So schildern sie uns die homerischen Gedichte, die sie gewiss nicht unterschätzt haben. Die Söhne des Priamos weiden seine Rinder und Rosse in Abydos, Perkote, im Ida; und Anchises weidet seine Heerde im

---

[1]) Als ich im September die Troade besuchte, war der Skamander etwa 2 Fuss tief und 20 Fuss breit, zu Pferde überall passirbar. Sein Bett ist, wie bekannt, ziemlich weit und tief ausgefurcht.

Gebirge, als Aphrodite ihn aufsucht.[1] Die Sitze der Fürsten und die Tempel der Götter befanden sich in kleinen wohlbefestigten Städten, die als Zufluchtsort im Kriege und bei feindlichem Ueberfall dienten, und wo sich Handel und Gewerbe entwickeln mochte. Diese liegen naturgemäss alle in den Flussthälern, die fruchtbaren Ebenen beherrschend und beschützend. So Zeleia am untern, Skepsis am obern Aesepos; Adrasteia in der Granikosebene, Paesos und Pityeia (Lampsakos) an kleinen Bächen, Perkote am Praktios und Arisbe am Selleeis. Die beiden letzteren erscheinen bei Homer als Hafenplätze für den Verkehr mit Thrakien und Imbros.[2] Abydos liegt am nördlichen Ende der Ebene in der der Rhodios mündet [bei den Dardanellen], Dardanos in der kleinen Mündungsebene des Oktschular tschai. Am oberen Skamander liegt Kebren und wahrscheinlich das homerische Dardania, am unteren Ilion. An der Westküste ist der einzige Ort von Bedeutung, der aus älterer Zeit genannt wird, die Legerstadt Pedasos am Satnioeis; am Killos liegen Thebe und Lyrnessos.

Der bedeutendste Ort unter allen diesen war Ilion. Sein König soll einst geherrscht haben über die ganze Troade, von Phrygien und dem Hellespont bis zum Meere von Lesbos,[3] und an Reichthum war kein anderer ihm vergleichbar. Die Lage des Ortes war günstig. Auf der Südseite des breiten Thales des Dümbrek Tschai (Simoeis) erhebt sich ein Hügelland, das zwar nicht hoch ist, aber sehr steil abfällt. An seinem Endpunkte, wo es ursprünglich nur etwa 40—50 Fuss hoch[4] sich nun auch nach dem Skamander hin sanft senkt, lag Ilion. In Folge seiner wenn auch nur wenig, so doch genügend

---

[1] Hymn. in Vener. 54.   [2] Λ 226. Ψ 43.   [3] Il. Ω 544.
[4] Der Hügel von Hissarlik, in dem Schliemann seine Ausgrabungen gemacht hat, ist etwa 90 Fuss hoch. Davon sind 50 Fuss Schuttanhäufungen.

hohen Lage beherrscht es die Ebenen des Simoeis und Skamander. Es hat freien Blick auf das Meer und den thrakischen Chersones. Nach Osten und Süden ist der Boden eben, und grössere Höhen erheben sich erst in weiter Ferne. Ganz im Hintergrunde erblickt man bei klarem Wetter die Gipfel des Ida. Vom Meere ist es etwa eine halbe Meile entfernt.[1]) So ist es nach allen Seiten gegen einen plötzlichen Angriff geschützt, und gegen eine Belagerung vertheidigten es seine Mauern.[2])

Ein Theil von Ilion ist nun durch Schliemanns Ausgrabungen auf Hissarlyk offen gelegt worden. Da indessen immer noch manche an der Identität der von ihm

---

[1]) Es wird behauptet, dass die Gestalt der Ebene sich seit der homerischen Zeit durch Anschwemmungen des Skamander verändert habe (s. zuletzt Eckenbrecher p. 8 f.). Gross sind indessen die Veränderungen gewiss nicht gewesen, da die Strömung des Hellesponts zu stark ist; auch ist die Ebene nicht ganz flach. Im allgemeinen beschreibt Strabo (§ 31) das Mündungsland des Skamander ganz wie es heute ist; das τυφλὸν στόμα, die στομαλίμνη und die Sümpfe zeigt noch die Spratt'sche Karte. Nur floss zu seiner (oder vielmehr Demetrios von Skepsis) Zeit der Simoeis noch in den Skamander (§ 31. 34. cf. Plin. V 31, 124), während er jetzt ihm parallel ins Meer fällt. Nach Strabo (§ 36) ist die Entfernung Neuilions vom Meere nur 12 Stadien, nach Skylax (§ 94) aber 25; beide Angaben sind natürlich nicht genau. — Dass Homer (Il. B 92) von der ἠϊὼν βαθεῖη spricht, beweist nicht allzuviel; und eine Krümmung hat das Ufer zwischen Kumkale und Intepe noch jetzt. — Das Vorgebirge von Kumkale (Sandburg) ist jedenfalls nicht angeschwemmt sondern alt: hier lag Achilleon und der Grabhügel des Achilles.

[2]) Die einzige gute Abbildung troischer Localitäten, die mir bekannt ist, ist die Zeichnung in v. Eckenbrechers „Lage des hom. Troja" (2. Aufl.). Der erste Hügel links ist Hissarlyk, das alte Ilion. Um ein Bild der ursprünglichen Gestalt zu erhalten, denke man sich etwas mehr als die Hälfte desselben oben weggeschnitten; denn so weit reicht die Schuttanhäufung hinab. Die Abbildungen bei Lechevalier sind gänzlich unbrauchbar und kann ich jeden nur warnen, sie zu benutzen. Dagegen lässt sich aus Spratts vortrefflicher Karte leicht ein anschauliches Bild der Ebene gewinnen.

aufgedeckten Ruinenstadt zweifeln und Ilion mit Lechevalier auf den Balydagh verlegen, müssen wir hier auch auf diese Frage in aller Kürze eingehn. Lechevalier begründete seine Behauptung, Ilion sei auf dem Balydagh zu suchen, einem Berge, der den nördlichsten Ausläufer des Karadagh bildet (an der linken Seite des Skamander), vom Skamander fast ganz umflossen wird, zur Ebene ziemlich steil, zum Skamander hin ganz steil abfällt, damit, dass er an dessen Fusse die δοιαὶ πηγαὶ Σκαμάνδρου δινήεντος gefunden zu haben glaubte, von denen die eine warm, die andere kalt ist.[1]) Aber diese Quellen sind nicht zwei, sondern „vierzig", und alle von gleicher Temperatur.[2]) Ferner spricht gegen den Balydagh, dass wenn Ilion hier lag, es im Gebirge liegen würde ἐν ὑπωρείαις πολυπίδακος Ἴδης, nicht, wie Homer ausdrücklich angibt, in der Ebene.[3]) Denn der Balydagh ist ein über 450 Fuss hoher Berg,[4]) nur wenig niedriger als das unmittelbar sich anschliessende Karadaghgebirge; der Ida ist von hier aus unsichtbar, nur seine Vorhöhen erscheinen im Hintergrunde. Ferner ist der Balydagh weit von der See entfernt, und die Teichoskopie, das Hinundherwogen der Schlachten, der schnelle Verkehr zwischen Ilion und dem Schiffslager sind von hier aus undenkbar. Endlich liegen auf dem Balydagh zwar die Ruinen einer Stadt, die, obwohl klein, doch bedeutend grösser ist als Ilion auf Hissarlyk, aber eine Schuttanhäufung wie sie die Zerstörung einer alten Stadt erwarten lässt, ist nicht vorhanden, ebensowenig Scherben aus archaischer Zeit. Dagegen beweisen die dort gefundenen Münzen, dass hier noch bis ins zweite Jahrhundert v. Chr. eine Stadt stand — und wenn diese an der

---

[1]) Il. X 147 ff. [2]) S. vor allem Forchhammer Beschreibung der Ebene von Troja, p. 10. [3]) Il. Y 217 f.

[4]) Nach v. Hahn (Ausgrabungen auf dem homerischen Pergamos, 1865) ist der höchste Punkt 472 Fuss hoch.

Stelle des alten Ilions lag, wäre es undenkbar, dass sich nicht eine Tradition davon erhalten hätte. — Wie schon bemerkt, lag hier aller Wahrscheinlichkeit nach Gergis.[1]) Für Hissarlyk dagegen als die Lage Ilions spricht die gesammte Tradition des Alterthums. Seit Xerxes der ilischen Athene hier ein Opfer brachte, seit Hellanikos die Lage der neuen Stadt und des alten heiligen Ilios für identisch erklärte,[2]) hat Niemand dies bezweifelt ausser Demetrios von Skepsis und der Alexandrinerin Hestiaea, denen Strabo folgt. Diese verlegen die alte Stadt nach dem Dorfe der Ilier, einem weit im innern der Hügel am rechten Ufer des Skamandros belegenen Orte, dessen Lage nicht genau festgestellt werden kann, wo aber Ilion jedenfalls nicht gelegen hat; und ihre Gründe gegen Neuilion haben wenig Gewicht. Zu Neuilion stimmen die meisten Angaben der Ilias; und seine oben geschilderte Lage weist mit Entschiedenheit darauf hin, hier den Hauptort der Landschaft zu suchen. Es liegt im Mittelpunkt der Ebene, das Skamandros- wie das Simoeisthal beherrschend, von allen Seiten zugänglich und doch gegen einen Ueberfall geschützt. Der Balydagh dagegen liegt am Endpunkte der Ebene auf unzugänglichem Fels. Wäre der Skamander ein schiffbarer Strom, so wäre es ein trefflicher Platz für eine Ritterburg; derselbe ist aber nur ein wilder Gebirgsfluss, der Engpass, durch den er sich windet, ohne commerzielle Bedeutung; und ein Heer könnte hier nicht durchziehn, da er zu schmal ist. Für den Fürsten einer Bevölkerung von Ackerbauern und Hirten ist Hissarlyk unzweifelhaft der günstigste Herrschersitz. Der letzte Zweifel

---

[1]) Mehr als alles andere spricht gegen den Balydagh, dass v. Hahn der doch die Mauern auf demselben bloslegte und ein entschiedener Anhänger Lechevaliers war, behauptet, in Wirklichkeit habe hier kein Ilion gelegen, Homer habe nur seine Schilderung dieser Oertlichkeit angepasst. (Ausgrabungen p. 33). [2]) Bei Strabo XIII 1, 42.

aber muss der Thatsache gegenüber schwinden, dass die unermüdlichen Arbeiten Herrn Schliemanns hier wirklich eine uralte Stadt aufgedeckt haben.[1])

Was hat nun Schliemann gefunden? Ich glaube, dass es Jemandem, der die Troade nicht selbst besucht hat, kaum möglich ist, sich ein klares Bild von den Ausgrabungen auf Hissarlyk zu bilden, am wenigsten aus Schliemanns enthusiastischen Mittheilungen. So schildert Christ in seinem hübschen Aufsatze: „die Topographie der trojanischen Ebene und die homerische Frage"[2]) die Ruinen folgendermassen: „Mehr Bedeutung hat die durch die Ausgrabungen Schliemanns festgestellte Thatsache, dass auf dem Plateau[!] von Hissarlyk eine alte mit Mauern und Thoren versehene Stadt stand, von deren Reichthum der grossartige Gold- und Silberschatz ein beredtes Zeugniss gibt[?]. Nicht bloss eine alte ehrwürdige Stadt stand demnach auf der vorgeschobenen Höhe des mittleren Bergrückens, die Stadt war auch so reich und mächtig, dass es nicht leicht eine zweite gleich bedeutende Stadt in der troischen Ebene geben konnte, dass sie also die Hauptstadt im Gebiete der Troer war. — Steil fallen namentlich [rect. ausschliesslich] gegen Norden die Ränder des 100 Fuss [ursprünglich 40 Fuss] hohen Hügels gegen die Ebene ab, und wie dort oben[!] im Frühjahr eisig kalt der Wind von Thrakien her bläst, hat uns Schliemann anschaulich genug geschildert."

Wer mit solchen Anschauungen nach Troja kommt, wird

---

[1]) Für die Einzelheiten und die weitere Ausführung der Streitfrage vergleiche man die einzelnen Schriften über die Lage Ilions, die hier aufzuzählen überflüssig wäre. Die beste und umfassendste Vertheidigung Hissarlyks auf Grundlage des überlieferten Materials gibt v. Eckenbrecher, die Lage des homerischen Troja (2. Aufl.), Düsseldorf 1875, dem ich in den meisten Punkten nur beistimmen kann.

[2]) Abh. der münchn. Akad. Ph. hist. Cl. 1874. p. 185—227. Das angeführte auf p. 195.

eine grosse Enttäuschung erfahren, der ähnlich, welche auf einen begeisterten Verehrer der neuen Entdeckung die schlecht geordnete und schlecht ausgeführte Publication des „Atlas" gemacht hat. Niemand wird sich des unbedeutenden, fast möchte ich sagen, erbärmlichen Eindrucks erwehren können, den der erste Blick in dem Beschauer hervorruft. Die zahllosen Häuserreste erinnern zu lebhaft an die verbrannten Quartiere Stambuls, an die elenden Hütten der türkischen und griechischen Dörfer. Vor allem aber ist der Umfang der Stadt ein ausserordentlich kleiner. In weniger als einer Viertelstunde lässt sich der Hügel bequem umgehen! Gewiss wenn Priamos mit seinen fünfzig Söhnen und Töchtern diese Stadt bewohnte, war auch für keine einzige Menschenseele mehr Raum! Dass aber das alte Ilion sich nicht weiter erstreckte als der Hügel von Hissarlyk, hat Schliemann selbst nachgewiesen, indem Bohrungen an allen Orten in der Umgebung des Hügels nicht die geringsten Spuren einer vorgriechischen Ansiedelung ergaben.[1]

Schliemann hat bekanntlich auf Hissarlyk nicht nur éine Stadt aufgegraben, sondern eine ganze Reihe — deren Ruinen er zum grossen Theile wieder zu entfernen hatte — von der griechischen Stadt des Lysimachos bis zu der ersten Ansiedelung auf dem Urboden. Welcher dieser Orte ist nun das Ilion des Priamos, der alte Wohnsitz der Herrscher der troischen Ebene?

Unzweifelhaft, wie auch Schliemann annimmt, die Stadt der der Thurm, die Mauern und das Thor angehören, die einzigen starken, noch jetzt fast unversehrt erhaltenen Befestigungen des Hügels, gebaut aus unbehauenen, nur mit Erde verbundenen Steinblöcken. Diese Mauern stehen aber, so viel ich habe sehen können, auf dem Urboden selbst und gehören zu der untersten Stadt, wie dies

---

[1] Trojanische Alterthümer p. XI f. 304.

auch Schliemann selbst vom Thurm zuerst annahm.[1]) Ihre Fundamente bilden den tiefsten Punkt der Schliemann'schen Ausgrabungen.

Betrachten wir sie als Ueberreste der homerischen Stadt, so fallen damit der Palast des Priamos und der Schatz des Priamos. Freilich, wie man von einem „Palast" reden kann, ist mir ganz unverständlich. Es sind die Trümmer dreier elenden kleinen Gebäude, mit aus Steinen und Erde zusammengesetzten Mauern, die so schmal sind dass man auf ihnen kaum entlang gehen kann, genug, sie sind ein getreues Abbild der Ruinen, die in jeder türkischen Stadt durch Verfall und Feuersbrünste überall geschaffen werden. Dieselben liegen aber, und das ist für uns das wichtige, nicht an, sondern etwa fünf Fuss über den Mauern. Schliemann, der sie in dieselbe Stadt mit den letzteren versetzt, hilft sich durch die Annahme eines „künstlichen Hügels" unmittelbar vor dem Thore. Indessen wer wird einen Hügel unmittelbar vor das einzige Thor einer Stadt legen und einen Palast (oder auch Hütten) darauf bauen, um das Thor zu versperren; oder hatte der Palast vielleicht einen „öffentlichen Durchgang"? Und, was die Hauptsache ist, die Seitenmauern des Thores laufen bis unmittelbar unter den sogenannten Palast. Auf ihnen liegen etwa zwei Fuss einer, von Schliemann senkrecht abgestochenen, Erdschicht, auf dieser zwei bis drei Fuss Trümmer von Gemäuer, und dann erst folgt der sogenannte Palast. Derselbe liegt in gleicher Höhe mit den rechts vom grossen Thurme (im Osten) über der Mauer liegenden Häusern von Mauerstein. Auf derselben Höhe liegen auch Häuser auf der Nordseite. Wieder sechs bis acht Fuss über dem Palaste, links (westlich) hinter demselben, liegen die Trümmer anderer Häuser einer dritten Stadt.

---

[1]) Alterth. p. XV. 159. 180. 256 u. a.

Mit dem Palast des Priamos selbst fällt auch sein Schatz. Schliemann selbst gibt an, dass er diesen auf oder über der grossen Ringmauer, unter einer „posttrojanischen" Festungsmauer, die er weggebrochen hat, gefunden habe. Wie kann aber ein bei der Zerstörung einer Stadt verlorener Schatz auf, ja über ihren Mauern liegen? und wenn ihn an so undenkbarer Stelle jemand verlor, wie kann er für alle Folgezeit verborgen bleiben? Nach Schliemann freilich bedeckt die „rothe Holzasche Ilions 1½ bis 3 Meter hoch seinen grossen Thurm, das doppelte skäische Thor, und die grosse Ringmauer."[1]) Wie dies aber die Asche Ilions gewesen sein kann, wie die Asche der brennenden Stadt in solche Höhe auf ihre etwa 9 Fuss hohen Mauern gekommen ist, sagt er uns nicht.

Im übrigen ist der Schatz, wie aus Schliemanns Beschreibung selbst hervorgeht und nach Herrn Calverts Mittheilung durch die Aussage seines Aufsehers bestätigt wird, nicht in einer Kiste verloren worden, sondern vermauert gewesen.[2]) Es ist also weder ein „Schatz des Priamos", noch, wie Keller anzunehmen geneigt ist, ein Tempelschatz, sondern der Schatz eines reichen Privatmanns, der denselben, vielleicht in Kriegszeiten, vergrub.

Soviel ist gewiss, die Mauern einerseits, der „Palast" und der Schatz andererseits gehören nicht derselben Stadt an. Da nun jene entschieden der alten Hauptstadt angehören, sind sie, d. h. genauer ein Thor, das der Natur der Sache nach nach Süden sich öffnet, dem Meere ab-, der inneren Landschaft zugewandt, östlich von ihm ein grosser oblonger Thurm, und ein Theil der starken, etwa neun Fuss hohen Ringmauer aus grösseren unbehauenen Steinen, — die einzigen bis jetzt aufgedeckten Ueberreste des homerischen Ilion. Dagegen fand

---

[1]) Alterth. p. X. [2]) Man vergl. die Darstellung p. 289 f. Wie es sich mit dem angeblichen Schlüssel (p. 296) verhält, mag dahingestellt bleiben.

Schliemann hier, wie er mehrfach hervorhebt,[1] die besten, am elegantesten gearbeiteten Terracotten, ein Beweis, dass wir hier die grösste, selbstständige Ansiedelung zu suchen haben.

Im übrigen zeigen die Ueberreste Ilions deutlich, was wir von seiner alten Grösse und Herrlichkeit zu halten haben. Es war weiter nichts, als ein fester Punkt, der Hirten und Ackerbauern im Kriege als Zufluchtsort diente, und in dem ihr Fürst seinen Wohnsitz hatte. Dennoch ist es sehr glaublich, dass Ilion in jener Zeit der mächtigste und stärkste Ort der Troade war.

§ 4.
Civilisation und älteste Geschichte der Troer.

Die unendlich zahlreichen Monumente uralten Lebens, die Schliemann aus dem Hügel von Hissarlyk gegraben hat, geben uns ein klares Bild von der Civilisation der alten Troer. Sie zeigen uns die Waffen, den Hausrath, den Schmuck, die Ornamentik der Bewohner des alten Ilions und ihrer Nachfolger bis zur griechischen Colonisation, bei denen allen derselbe Kunststil, dieselben Geräthe in Gebrauch geblieben sind, und keine Entwickelung sondern höchstens Verschlechterung stattgefunden hat. Insofern können auch die reichen Schmucksachen des „Schatzes" als ein Zeugniss für das älteste Ilion gelten.

Der troische Kunststil ist der primitivste, der uns auf dem Boden des alten Orients und Griechenlands erhalten ist. Nirgends besser als hier sieht man die Anfänge des Zeichnens,

---

[1] p. IX. Vortrag in Rostock p. 18 „auf dem Urboden, in 47 bis 53 Fuss Tiefe."

die ersten Versuche einer künstlerischen Verzierung, vor allem auf den unzähligen „Caroussels"[1]) und Kugeln. Soweit diese rein ornamental sind, ist es schon gelungen, neben unvollkommenen, rohen Strichen auch bübsche, klare Ornamente zu geben. Kreisförmige Linien, Eintheilung in Felder, ja vom Mittelpunkt an die Peripherie laufende geschweifte Linien, die die Idee der Rundheit aus der der Drehung ableiten,[2]) finden sich hier; daneben freilich auch die rohesten Zeichnungen, Zickzacklinien, Hakenkreuze, und eine wirre Masse von Punkten. Wo aber die Darstellung eines Gegenstandes versucht wird, fehlt der Hand noch alle Geschicklichkeit. Bäume mit gradlinigen, parallelen Aesten oder Blättern sind noch erkennbar; aber die Sonne mit ihren Strahlen ist schon gänzlich misslungen, und bei den Thieren erkennt man gerade noch die vier Beine, die Geweihe der Hirsche und Antilopen, den Punkt, der den Kopf bedeutet. Vollends die menschlichen Figuren (z. B. auf no. 68[?], 298, 93[?]) sind kaum erkennbar.

Bei diesen Figuren ist nun zu bemerken, dass sie durchaus keine symbolische Bedeutung haben; sie sind reine Verzierung. Schliemann freilich — und in manchen Punkten wird er mehrfache Zustimmung finden — erkennt überall Symbole, Zeichen mit religiöser Bedeutung. Die Zickzacklinie ist ihm der Blitz, das Hakenkreuz das alte arische Feuerzeug, der Baum der Himmelsbaum; er vergisst, dass sich alles dieses auf den Monumenten der verschiedenartigsten Völker findet. Ich vermag in einem Ornament zunächst weiter nichts zu sehen als eben ein Ornament. Im übrigen bemerke ich nur, dass sich eine heilige Zahl nirgends findet; wo drei, sieben, zwölf vorkommt — und die Fälle sind wenige —, ist es rein zufällig.

Ob, wie behauptet wird, einige der Terracotten Schrift-

---

[1]) Ueber die Bedeutung derselben wage ich keine bestimmte Meinung zu äussern. [2]) z. B. no. 385, 8 m. tief, 51, 7 m. tief, 132, 9 m. Zu den schönsten Terracotten gehören no 260, 10 m. 251, 9 m. u. a.

zeichen tragen, scheint mir noch zweifelhaft. Ich glaube beinahe, auch diese Zeichen sind nur krumme und verzogene Linien. Denselben Charakter tragen nun auch die anderen Ueberreste alttroischer Kunst, vor allem die Gefässe. Hier ist es zunächst die Gestalt des Gefässes selbst, welche weitere Kunstthätigkeit hervorruft. Auf den Naturmenschen, dem alles lebt, der den Begriff des Todten noch nicht erfasst hat, wirkt jede Analogie, jede Aehnlichkeit, die er in einem Dinge mit sich selbst entdeckt, mit der grössten Gewalt. Weil die Sonne rund ist und leuchtet, ist sie ein Auge; weil sie über den Himmel eilt, ein Pferd. Der Berg mit unheimlichen, scharf geschnittenen Zügen ist ihm ein Dämon, eine Göttin. So ist auch das Gefäss etwas lebendes, menschengleiches: hat es doch einen Bauch, einen Hals, einen Deckel als Kopf, und Henkel als Arme. Was also natürlicher, als nun weiter zu gehen, die fehlenden Glieder hinzuzufügen, eine Menschengestalt zu schaffen? „Und wirklich, ein anderer Prometheus, beginnt er den irdenen Topf in Menschengestalt zu bilden. Er macht ihm runde Augen unter geschwungenen Brauen, die vorspringende Nase inmitten; und über dem Bauch die runden Brüste, legt auch vielleicht um den Hals eine zierliche Kette. Das Geschöpf des Töpfers geräth kindlich genug, und so konnte es geschehen, dass Schliemann die Menschengesichter an seinen troischen Gefässen für Eulengesichter nahm, obgleich einigemale, vorzüglich bei der Classe der Vasen mit übergestülpten Becherhüten an letzteren das menschliche Auge mit halbgeschlossenen Liedern und der Mund unter der Nase und an andern die Menschenohren deutlich genug ausgeprägt sind; an ganz analog gebildeten flachen Terracotta- und Marmorfigürchen [den sogenannten Idolen] fehlt bisweilen auch der lange Haarschopf zwischen den Schultern nicht."[1])

---

[1]) L. v. Sybel, über Schliemanns Troja p. 19. Diesen vortrefflichen Vortrag kann ich überhaupt nicht genug empfehlen.

Andere Gefässe mit bauchigem Leib erhalten Thiergestalt, die Form eines Bären, eines Schweines, oder woran der Bildner sonst gedacht haben mag.

Aehnliche Formen und Gedanken finden sich überall wieder, wo uns von den Anfängen menschlicher Kunstthätigkeit Ueberreste erhalten sind, nicht nur auf griechischen Inseln, wie Thera, sondern auch in Deutschland, und in ähnlicher Weise in Amerika[1]) und Afrika. Es wäre verkehrt, daraus Verwandtschaft oder historische Beziehungen folgern zu wollen.

Im übrigen enthalten die Schliemann'schen Funde den ganzen weiteren Hausrath der alten Trojaner: Waffen aus Bronze, Waffen und Werkzeuge aus Stein und Knochen, Schmucksachen aus Gold und Silber, alles in demselben Charakter. Religiöse Gegenstände haben sich nicht gefunden, wenn nicht die „Idole" Götterfiguren darstellen sollten. Von fremdem Einfluss ist nirgends etwas zu finden.[2]) —

Dass nun ein derartiges Volk nicht seemächtig war, dass es keine weiten Expeditionen und Kriege unternommen haben kann, ist schon an sich klar. Nach Curtius freilich[3]) sind die

---

[1]) Man vgl. z. B. die indianischen Alterthümer aus Panama im Münchener ethnogr. Museum, Thongefässe in Thiergestalt u. ä., mit den Schliemann'schen Thierfiguren.

[2]) Wenigstens erwähnen muss ich der Vollständigkeit halber noch einen anderen Ueberrest alttroischen Ursprungs, die Grabhügel der troischen Ebene, obwohl ich über sie nichts weiteres zu sagen weiss. Eine Aufzählung und kurze Besprechung gibt Schliemann in seinem Rostocker Vortrage p. 7 ff. Dass so viele schon in der Ilias als Grabhügel alter Heroen genannt werden, beweist, dass wenigstens einige von ihnen sehr alt sind. Hier ist auch der der Troade eigenthümliche Gebrauch der Bestattung in grossen Thon-Urnen anzuführen. Neun solche colossale „Kruken", die Schliemann im innern des Hügels fand, sind Atlas Taf. 156 abgebildet. Die Reste einer anderen, mannshohen, finden sich an der Südseite des Hügels.

[3]) Griech. Gesch. I³ p. 39 und 67. sowie in den „Ioniern." Ihm schliesst sich in allen Punkten Gelzer an in seinem Vortrag „Wanderung nach Troja", Basel 1873.

Dardaner in alten Zeiten seemächtig gewesen, haben Colonien gegründet, mit den Phönikern in Verbindung gestanden, und Aegypten angegriffen. Keine dieser jetzt sehr beliebten Behauptungen ist irgendwie stichhaltig. Zunächst beruft sich Curtius auf „die frühe Verbinduug der Dardaner mit den Phöniziern, welche sie zur Bevölkerung ihrer Colonien benutzten" — wofür mir kein Beleg bekannt ist — und auf „die vielen Küstenplätze, wo die Namen Ilion, Troja, Simoeis und Skamandros vorkommen." Wo sind diese? Die Namen Skamandros und Simoeis sollen sich bei Egesta auf Sicilien,[1]) und nach Vergil[2]) in Epiros wiedergefunden haben. Von den Orten, die die Namen Troja und Ilion führen, gibt Stephanus Byz. eine meines Wissens vollständige Liste: $Τροία, χώρα \, Ἀσίας$ cet. $εἰσὶ \, καὶ \, ἄλλαι \, Τροῖαι\cdot \, ἐν \, Ἀττικῇ \, κώμη$ .. $ἔστι \, καὶ \, πόλις \, ἐν \, Κεστρίᾳ \, τῆς \, Χαονίας$ [Verg. Aen. III 349], $ἔστι \, καὶ \, τῆς \, Αἰγύπτου \, πόλις$ [ta ūrat der Denkm.] ... $ἔστι \, καὶ \, Τροία \, πρὸς \, τῇ \, Ἀδρίᾳ \, τῆς \, Βενετίας$ [Liv. I 1, 3 u. a.], $καὶ \, ἄλλη \, Λατίνων$ [Verg. Aen. VII 157 ff. Liv. I 1, 5]. Und $Ἴλιον, πόλις \, Τρῳάδος$ ... $δευτέρα \, ἐν \, τῇ \, Προποντίδι \, παρὰ \, Ῥυνδάκῳ \, ποταμῷ. \, Τρίτη \, Μακεδονίας \, Ἑλένου \, κτίσμα\cdot \, τετάρτη \, Θεσσαλίας\cdot \, πέμπτη \, Θρᾴκης \, κατὰ \, Βιζύην.$[3]) Von welchem dieser Orte liesse sich behaupten er sei eine troische Colonie, ausser vielleicht Ilion am Rhyndakos? Und bei manchen dieser Orte ist die Existenz entschieden mindestens zweifelhaft. Höchstens ergibt sich, dass die Namen Ilion und Troja den Thrakern, Illyriern und mehreren kleinasiatischen Stämmen gemeinsam waren. Gibt es doch Mygdonen und Dardauer in Thrakien (Makedonien) wie im vorderen Klein-

---

[1]) Strabo XIII 1, 53. Diodor XX 71, 2. Hieran knüpft sich die Sage, dass nach der Zerstörung Ilions Troer nach Sicilien geflohen seien: die Elymer. S. Thuk. VI 2. Skylax peripl. 13. u. a. vgl. Dion. Hal. I 53.
[2]) Aen III 303. 352.   [3]) $Βιζύη, τὸ τῶν Ἀστῶν βασίλειον$ Steph. B. Ist davon $Βυζάντιον$ abzuleiten?

asien; ferner Skaeer, Xanthier, Kebrenier in Thrakien, wie schon früher aus Strabo angeführt wurde.

Aber erzählen uns denn nicht „die ägyptischen Urkunden des 14. Jahrhunderts von grossen Seeexpeditionen, welche Dardaner, Lykier und Achaeer, die Küstenvölker Kleinasiens und Griechenlands, gegen das reiche Nilland unternahmen"?[1]) Allerdings behauptet dies Curtius, und Gelzer spricht es ihm nach. Indessen in Wirklichkeit basirt diese Seeexpedition darauf dass Curtius die Shardana der Inschriften, die man gewöhnlich für Sardinier erklärt,[2]) mit den Dardanern verwechselt hat. Allerdings nennen die Inschriften auch Dandani oder Dardani, aber als Verbündete der Chetiter von Qedesh, gegen die Ramses II. (um 1325) kämpft. Die Aufzählung der Verbündeten ist in dem bekannten, in verschiedenen Exemplaren vorliegenden Gedichte des Pentaur gegeben, das die Thaten des Königs verherrlicht.[3]) Dort erscheinen neben syrischen Stämmen und Städten wie Arados und Qarqemish auch Mausu, Patasa, Arunu (Iriunu), Leka und Dandani, v. l. Dardani. Man hat diese wohl identificirt mit Mysern, Pedasos (oder Pisidien)[4]), Ilion, Lykern und Dardanern. Indessen nach meiner Ueberzeugung dürfen alle diese Orte nur in Syrien gesucht werden; es liegt nicht der geringste Anhaltspunkt vor, dass die Aegypter jemals mit Völkern diesseits des Tauros in Berührung gekommen sind, und nun gar mit den nördlichsten von ihnen, den Mysern und Dardanern. Im übrigen beachte man, dass hier weiter nichts

---

[1]) Gelzer l. c. p. 21. [2]) S. Ebers Aegypten und die Bücher Mosis I p. 153 f. de Rougé in Rev. arch. N. S. XVI.
[3]) Die beste Uebersetzung von E. de Rougé in Recueil de travaux relatifs à la Philologie et à l' archéologie Egypt. et Assyr. Vol. I fasc. I (Paris 1870, Vieweg). S. ferner Brugsch, geogr. Inschriften altäg. Denkmäler II p. 22 f. [4]) Nach Maspero. de Carchemis oppidi situ im Anhang ist Pädasa = Πήδασος; in Troas, der Lelegerstadt.

vorliegt, als eine Namensliste; und wie oft finden sich Namensanklänge! Ferner sind die Leka, die einzigen von ihnen, die auch sonst, nämlich in dem oben erwähnten Seeangriff auf Aegypten, vorkommen, gewiss nicht die Lykier, da dies nicht ihr einheimischer, sondern der ihnen von den Griechen gegebene Name war.[1] — Sonach beweisen also die ägyptischen Inschriften nichts für die älteste Geschichte der Troer.[2]

Mehr Wahrscheinlichkeit hat die Behauptung für sich, dass die Phoeniker nach Troas gekommen seien. Denn wir wissen, dass diese auch die nördlichen Küsten des ägäischen Meeres aufsuchten, da Herodot einen phönikischen Heraklestempel auf Thasos kannte.[3] Indessen steht doch die Annahme von Ansiedelungen derselben in Troas auf sehr schwachen Füssen. Es ist zwar möglich, wie Ohlshausen[4] annimmt, dass Abydos von der semitischen Wurzel ʻbd (עבד) abzuleiten ist und „Bergwerk" bedeutet, dass das Goldbergwerk Astyra in der Nähe desselben,[5] sowie das schon erwähnte Astyra bei Antandros, das Heiligthum der Artemis Astyrene, den Namen der Astarte enthält, wie das von Stephanus erwähnte Astyra in Phoenikien; indessen Beweise sind derartige Namensanklänge nicht. Und wenn Ohlshausen. Adramytion dem arabischen Hadhramaut = Hadrumetum identificirt, während Hitzig[6] es von skt. čandramas, Mond, ableiten will, werden wir besser thun, bei der Ableitung der Alten zu bleiben, nach denen es von Adramytes, Alyattes Sohn oder Stiefbruder, gegründet ist.[7] —

Ktesias hatte in seinem Geschichtswerk behauptet, dass

---

[1] Auch in den dort vorkommenden Aqaiwasha und Tuirsha kann ich nur libysche Stämme, und nicht Achaeer und Tyrrhener, erkennen.
[2] Dies ist auch das besonnene Urtheil Dunckers, Gesch. d. Alt. I⁴ p. 123 Anm. 2. [3] Her. II 44. [4] Rhein. Mus. VIII 321 ff.
[5] Strabo XIII 1, 23. XIV 5, 28. Steph. Byz. [6] Rhein. Mus. VIII 579 ff. [7] Aristoteles bei Steph. Byz s. v. Nicol. Dam. fr. 63 Müller

König Ninos von Ninive ganz Vorderasien bis ans ägäische Meer erobert habe; und die Späteren combinirten, Priamos sei ein Unterthan des assyrischen Königs (Teutamos) gewesen, dieser habe ihm den Memnon zu Hülfe geschickt.[1]) Man hat lange an dieser Ansicht festgehalten, und eine Stütze darin zu finden geglaubt, dass Assarakos, der Name des Grossvaters des Aeneas (Il. *V* 232), auch der Name des assyrischen Kriegsgottes sei. Dies ist jedoch nicht richtig; derselbe heisst vielmehr Assur, und das angehängte ki ist nur ein nicht auszusprechendes (Länder-)Determinativ. Dagegen zeigen die assyrischen Inschriften deutlich, dass ihre Herrschaft niemals über den Halys sich erstreckte. Nicht nur schweigen sie von weiteren Eroberungen: als König Gyges, von den Kimmeriern bedrängt, dem Assurbanipal huldigt, berichtet dieser, er sei der König „eines Landes jenseits der See, einer fernen Gegend, deren Namen die Könige meiner Väter nicht gehört hatten."[2]) Somit haben die Assyrer über Troas nie geherrscht.

Aus der Zeit vor der Zerstörung Ilions bleibt uns nun noch eine Angabe, die von dem Zuge der Teukrer und Myser nach Europa. Herodot erzählt, die Expedition des Xerxes sei bei weitem grösser gewesen als alle vor ihm; weder Darius Zug gegen die Skythen könne mit ihr verglichen werden, noch der Einfall der Skythen in Asien, noch der troische Krieg, noch der Zug der Teukrer und Myser, der noch vor den troischen Krieg fiel, als dieselben über den Bosporos nach Europa zogen und die Thraker alle unterwarfen und bis zum ionischen Meer und dem Flusse Peneios vordrangen.[3]) Bei dieser Gelegenheit sollen sie die Bithyner aus den Ländern am Strymon verdrängt haben, und die Päoner sollen eine

---

[1]) Diod. II 2. 22. Plato de legg. 685 C. [2]) George Smith, History of Assurbanipal; id. Assyrian discoveries p. 331. Duncker G. d Alt. I⁴ 400. II⁴ 288. 433. [3]) Herod VII 20.

Ansiedelung der Teukrer sein.[1]) Ob diesen Angaben wirklich eine historische Thatsache zu Grunde liegt, oder ob dieselbe nur aus den mehrfach erwähnten Namensübereinstimmungen combinirt ist, vermag ich bei dem Mangel aller weiteren Ueberlieferung nicht zu entscheiden. Im übrigen ist ein derartiger Kriegszug ebenso gut möglich, wie z. B. der Einfall der Kimmerier in Kleinasien.

§ 5.
Die Zerstörung Ilions und die Herrschaft der Aeneaden.

Nach unseren Untersuchungen ist die Zerstörung Ilions die erste sichere Thatsache der troischen Geschichte. Dass dieselbe in sehr alte Zeit fällt, beweisen seine Ruinen, beweisen die etwa dreissig Fuss hohen Trümmer, welche sich in der Folgezeit, vor der Zeit der griechischen Colonie, auf demselben angehäuft haben. Das conventionelle Datum 1184, das bekanntlich an sich gar keine Autorität hat, dürfte daher jedenfalls nicht zu hoch gegriffen sein.

Wichtiger ist die Frage, wer Ilion zerstörte. Hier ist unsere einzige Quelle das griechische Epos. Dieses ist seinem Ursprunge nach die alte griechische Göttersage, vom Kampfe der Geister des Lichts gegen die Dämonen der Finsterniss, die die Lichtjungfrau ('Ελένη die „leuchtende"), oder, wie es in der ursprünglichen Sage hiess, die regenspendenden Kühe, geraubt haben. Die Sage liegt aber hier nicht mehr in ihrer

---

[1]) VII 75. V 13. Vgl. Strabo VII fr. 38: τοὺς δὲ Παίονας οἱ μὲν ἀποίκους Φρυγῶν, οἱ δ' ἀρχηγέτας ἀποφαίνουσιν.

rein mythologischen Gestalt vor, wie im Veda; sie ist localisirt und mit historischen Elementen durchsetzt, wie in den Epen Indiens, den Heldensagen Persiens, dem Nibelungenliede. Das letztere bildet eine schlagende Analogie zu dem troischen Epos. Auch dort ist der Stoff der uralte Mythos; aber die Helden, die kämpfen, sind nicht mehr Götter oder Halbgötter, sondern — mit Ausnahme des Siegfried — historische Persönlichkeiten, die Könige der Burgunder, Hunnen, Ostgothen. Der Schauplatz ist vom Himmel auf die Erde versetzt, von der Dämonenburg nach Worms und dem Schlosse des Etzel. Und es handelt sich nicht mehr um mythische Dinge, sondern um die Vernichtung der Burgunder durch die Hunnen und den Tod des Attila.[1]) Im übrigen ist natürlich mit den historischen Dingen ganz frei verfahren, Helden und Vorgänge mehrerer Jahrhunderte sind mit einander verbunden, und die Handlung selbst ist überall die alte mythische, nicht die geschichtliche.

Was uns bei der Nibelungensage möglich ist, die historischen Thatsachen festzustellen, an denen die alte Sage sich umgestaltete, ist bei der griechischen Heldensage unmöglich, da uns keine gleichzeitigen Aufzeichnungen erhalten sind. Dennoch aber müssen auch hier Thatsachen zu Grunde liegen. Wie die Nation dazu kommen sollte, ihre Helden vor Ilion kämpfen zu lassen, den ganzen Sagenschatz an diesen Ort anzuknüpfen, der später von keiner Bedeutung für sie war, dessen Existenz sie kaum kannten, wäre unbegreiflich, wenn nicht wirklich griechische Helden vor Ilion gekämpft hätten. Es ist daher unmöglich, anzunehmen, dass Ilion etwa durch die Phryger zerstört sei, dass der troische Krieg unhistorisch sei.[2])

---

[1]) Vgl Müllenhof, zur Geschichte der Nibelungensage, in Haupts Zeitschrift X p. 146—180.

[2]) v. Hahn behauptet, der troische Krieg sei unhistorisch, weil ein Theil der griechischen Götter auf Seiten der Troer stehe, weil

Aber auch der neuerdings vielfach ausgesprochenen Ansicht, der troische Krieg sei nur ein spezieller Fall oder eine sagenhafte Umgestaltung der griechischen Colonisation Kleinasiens überhaupt, vermag ich nicht beizustimmen. Denn dann wäre nicht einzusehen, warum die Sage gerade an diesen so unbedeutenden Punkt anknüpfte. Ferner sind höchst wahrscheinlich griechische Colonien in der Troade erst zu einer Zeit gegründet worden, als die homerischen Gedichte längst abgeschlossen waren (s. u.). Speziell war Ilion zur Zeit der homerischen Gedichte sicher noch ein troischer Ort. Und was sollte die asiatischen Colonisten veranlassen, ihren Vorvätern eine That zuzuschreiben, die sie doch selbst vollbracht hatten, ein lange vergangenes Geschlecht zu besingen, wenn der Gegenwart der Preis gebührte?

Weiteres lässt sich der Sage nicht entnehmen. Dass sie einen kleinen Kampf peloponnesischer Fürsten gegen den Herrscher Ilions zu einem langjährigen Kriege der griechischen Stämme gegen die Küstenvölker Asiens umgestaltete, dass sie unzählige Episoden einflocht und viele ganz unhistorische Gestalten einführte, ist selbstverständlich. Andererseits sehe ich nicht, warum nicht Namen wie Agamemnon, Menelaos, Priamos ebenso gut historisch sein können, wie die des Gunther, Etzel, Dietrich von Bern, und wie die des Hektor und Aeneas.[1])

---

andererseits die Hauptgöttin der Troer, die Göttermutter, in der Iliade nicht vorkomme. (Ausgrabungen auf dem hom. Pergamon p. 33. Sagwissenschaftliche Studien p. 348 ff.). Indessen findet sich diese wohl, nur in griechischer Gestalt, als Aphrodite (vgl. o.) Dass aber beide Völker in Sitten und Religion übereinstimmen, ist dem Charakter aller Heldensage gemäss.

[1]) Die Namen Ilion, Dardaner etc. sind unzweifelhaft geschichtlich, und O. Meyers Identification von $\varrho/\lambda\iota o\varsigma$ mit dem vedischen viļu (viḍu), der Dämonenburg, sowie von Dardania mit dem gleichbedeutenden dṛḷha (dṛḍha) schon aus sprachlichen Gründen unhaltbar, ebenso

Gleichzeitig mit Ilion sollen der Sage nach auch die Leleger- und Kilikerstädte, Pedasos, Thebe, Lyrnessos, zerstört worden sein. Ob die Griechen auch diese zerstört haben, ist natürlich eine andere Frage; sicher ist nur, dass sie später zerstört waren.

Die Neuilier behaupteten, der Ort ihrer Stadt sei niemals völlig unbewohnt gewesen, es habe hier immer eine Ansiedelung bestanden.[1]) Strabo bestreitet dies seiner Theorie zu Liebe; aber Schliemanns Ausgrabungen haben es vollkommen bestätigt: wir sehen hier die Ruinen eines Ortes — Stadt darf man nicht sagen — über den anderen sich erheben bis zu den Ruinen der griechischen Colonie. Der ganze Hügel ist voll von Mauer- und Häuserresten, Holzasche u. s. w. Es zeigt dies, dass der Ort klein war, ohne starke Befestigungen, dass fortwährende Feuersbrünste, vielleicht auch kleine Kämpfe, ihn unzählige Male zerstörten. Die Geräthe und Terracotten sind durch alle Schichten dieselben, höchstens ist ein Rückschritt wahrnehmbar;[2]) ein Einfluss fremder Kunst ist nicht zu verspüren, während doch sonst die Monumente ganz Kleinasiens unter assyrischem Einfluss standen: unvermittelt schliesst sich hier die griechische Kunst an die primitive troische.[3])

Es ist unzweifelhaft, dass der Cult der Hauptgöttin Ilions, der Athene, in diesen Orten fortbestand. Die Ilier beriefen sich, es zu beweisen, auf die jährliche Sendung lokrischer Jungfrauen an die Athene. Als nämlich die Lokrer von Hungersnoth und Pest heimgesucht wurden, weissagte der

---

die Gleichsetzung von Paris und Papi, einem Namen der Dämonen. (O. Meyer, Quaestiones homericae. Bonn 1868.)

[1]) Strabo XIII 1, 40: λέγουσι δ' οἱ νῦν Ἰλιεῖς καὶ τοῦτο, ὡς οὐδὲ τελέως ἠφανίσθαι συνέβαινεν τὴν πόλιν κατὰ τὴν ἅλωσιν ὑπὸ τῶν Ἀχαιῶν, οὐδ' ἐξελείφθη οὐδέποτε. [2]) Vgl. Schliemann, Alterth. p. VIII f.

[3]) Merkwürdig sind die zahllosen kleinen Muscheln, die sich in diesen Trümmern finden, und die den Einwohnern als Speise dienten.

Gott, dies sei von Athene geschickt, die wegen des Raubes und der Schändung der Kassandra durch Aias den Lokrern zürne; sie könne nur dadurch versöhnt werden, dass tausend Jahre lang zwei Jungfrauen, durchs Loos bestimmt, nach Ilion geschickt würden. Dieselben sie sollen aus den hundert vornehmsten Familien genommen worden sein. Wenn sie nach Troas kamen und die Ilier sie auffingen, tödteten sie sie, verbrannten die Leichen und warfen die Asche von dem Berge Traron (wo?) ins Meer. Gelang es ihnen in den Tempel zu flüchten, so mussten sie die niedrigsten Dienste verrichten, in elendem Kleide, ohne Sandalen, mit geschorenem Haare einhergehen, und wenn sie den Tempel verliessen, durfte jeder sie tödten. Einmal stellten die Lokrer die Sendung ein, doch in Folge einer Hungersnoth schickten sie aufs neue jährlich wenigstens eine Jungfrau. Auch sollen sie in späterer Zeit statt erwachsener Mädchen kleine Kinder mit ihren Ammen geschickt haben. Erst nach dem phokischen Kriege hörte, wie Timaeos berichtete, dieser Brauch auf, weil man annahm die tausend Jahre seien abgelaufen.[1]

Strabo scheint zu behaupten, die Lokrerinnen seien erst in der persischen Zeit geschickt worden; indessen nach Aussage der Neuilier fing der Brauch schon bald nach dem troischen Kriege an.[2] Dazu stimmt, dass die epizephyrischen Lokrer denselben schon vor Gründung ihrer Stadt (um 700) ansetzen: die angesehensten Geschlechter bei ihnen gehörten den oben erwähnten hundert Familien an.[3] Andererseits ist die Sendung wohl später als die homerischen Gedichte,

---

[1] Lykophron Cass. 1141—73. Tzetzes dazu. Plutarch de sera numinis vindicta 12. Schol. Il. N 66. Polyb. XII 5, 7. Strabo XIII 1, 40.

[2] l. c.: τὰς δὲ Λοκρίδας πεμφθῆναι Περσῶν ἤδη κρατούντων συνέβη; aber ein wenig vorher: αἱ γοῦν Λοκρίδες παρθένοι μικρὸν ὕστερον [τοῦ πολέμου] ἀρξάμεναι ἐπέμποντο κατ' ἔτος.

[3] Polyb. l. c.

die den Frevel des Aias noch nicht kennen.¹) Doch zu dem Charakter der späteren gesitteten Zeit stimmt die Einführung eines solchen Opfers auch kaum mehr, und so dürfen wir dieselbe wohl, der Angabe des Polybios folgend, vor 700 ansetzen. Dann aber ist sie ein Beweis für die Fortexistenz Ilions. Uebrigens war dies Ilion, ebenso wie später bis auf Alexanders Zeit die griechische Colonie, so klein, dass die weitverbreitete Annahme, die Stadt sei völlig verschwunden, leicht erklärlich ist.²) —

In der Ilias sagt Poseidon, Aeneas müsse aus der Hand des Achilleus gerettet werden ὄφρα μὴ ἄσπερμος γενεὴ καὶ ἄφαντος ὄληται Δαρδάνου; ferner

νῦν δὲ δὴ Αἰνείαο βίη Τρώεσσιν ἀνάξει
καὶ παίδων παῖδες, τοί κεν μετόπισθε γένωνται.³)

Dies beweist, dass zu Homers Zeit das Geschlecht der Aeneaden in Troas herrschte. Genaueres darüber berichtet uns Demetrios von Skepsis.⁴) Skepsis, sagt er, habe anfangs hoch im Gebirge gelegen (Palaeskepsis); dann hätten Skamandrios der Sohn des Hektor und Askanios der Sohn des Aeneas die Einwohner 60 Stadien weiter südlich in Neuskepsis angesiedelt. Diese beiden Geschlechter herrschten lange Zeit als Könige in der Stadt; und als später eine Oligarchie eingeführt, dann eine milesische Colonie aufgenommen ward, und man eine demokratische Verfassung einführte, hätten die Nachkommen beider Geschlechter nichts destoweniger königliche Titel und Ehren behalten. — Nach anderen herrschten Askanios und Skamandrios in Arisbe, als dessen Oekisten sie galten, nachdem die Stadt eine mitylenäische Colonie erhalten

---

¹) Str. l. c. Vgl. Preller griech. Myth. II 447. 452.
²) S. darüber Strabo XIII 1, 41. Welckers Abhandlung über die Lage Ilions (Kl. Schriften II) u. Eckenbrechers Gegenbemerkungen p. 40 ff.
³) Il. Y 302 ff. S. ferner hymn. in Vener. 196 f.   ⁴) bei Str. XIII 1, 52.

hatte.¹) Servius berichtet aus Abas, qui Troica scripsit: post discessum a Troja Graecorum Astyanacti ibi (Arisbae) datum regnum: hunc ab Antenore expulsum sociatis sibi finitimis civitatibus inter quas et Arisbe fuit; Aeneam hoc aegre tulisse et pro Astyanacte arma cepisse ac prospere gesta re Astyanacti restituisse regnum.²) Was auch im einzelnen von derartigen Berichten zu halten sein mag — die Angaben über Skepsis sind jedenfalls authentisch —, jedenfalls zeigen sie, dass nach Ilions Fall die Geschlechter der Aeneaden und Hektoriden über die Troer herrschten. Erst später, als diese Geschlechter unbedeutend geworden oder verschwunden waren, liessen die Griechen den Aeneas auswandern, zunächst nach Thrakien — veranlasst durch die Städtenamen Aenos und Aenea —, dann weiter, bis er schliesslich mit Italien in Verbindung gebracht wurde.³)

Die troische Sage nennt den Sohn des Aeneas Askanios. Gleichen Namens ist aber auch der Eponym der Phryger, abgeleitet von der Landschaft Askania. Unter diesem Namen kann nur die Umgegend des askanischen Sees (See von Nikaea) verstanden werden, sowie die breiten fruchtbaren Thalebenen auf der Nordseite des mysischen Olymps. Von hier kommen die Phryger bei Homer (ἐξ Ἀσκανίης ἐριβώλακος);

---

¹) Steph. B.: Ἀρίσβη, πόλις τῆς Τρωάδος, Μιτυληναίων ἄποικος, ἧς οἰκισταὶ Σκαμάνδριος; καὶ Ἀσκάνιος υἱὸς Αἰνείου.
²) ad Aen. IX 264. Vgl. Conon hist. 46, wo erzählt wird, Priamos habe zwei Söhne des Hektor nach Lydien geschickt; nach der Zerstörung Ilions habe Aeneas im Ida geherrscht, bis diese zurückgekehrt seien; dann habe er ihnen die Herrschaft übergeben und sei ausgewandert. Andere Erzählungen s. u.
³) Zuerst bei Lesches zieht Aeneas aus Troas fort, während er bei Arktinos im Lande bleibt und die Herrschaft erhält (Welcker, epischer Cyclus II 223 ff. 266 ff.). Zu den verschiedenen Sagen von Aeneas vgl. Strabo XIII 1, 53. Antenors Auswanderung nach Venetien braucht wohl nicht weiter erwähnt zu werden.

einer ihrer Führer heisst Askanios.¹) Auffallend ist nur, dass sonst gerade in der älteren Zeit der Olymp und das Gebirgsland nördlich vom askanischen See durchweg als Wohnsitze der Myser erscheinen.²) Wahrscheinlich gehörten diesen die bergigen Partien, den Phrygern die Ebene. — Auch in der Völkertafel der Genesis ist אַשְׁכְּנַז Aschkenaz Name der Phryger. Mit diesem phrygischen Askanios wird nun der Sohn des Aeneas verschmolzen. Dionys von Halikarnass erzählt nach Hellanikos,³) dass Aeneas sich nach der Einnahme Ilions im Ida festgesetzt habe. Die Griechen gewährten ihm freien Abzug aus Troas; seinen ältesten Sohn Askanios mit einem Theil namentlich der phrygischen Bundesgenossen schickte er nach der daskylitischen Landschaft, in der der askanische See liegt, und deren Bewohner ihn sich zum Könige erbeten hatten. Hier blieb er einige Zeit; als aber Skamandrios und die übrigen Hektoriden, von Neoptolemos freigelassen, zu ihm kamen, ging er mit ihnen nach Troas zurück und setzte sie in ihr väterliches Reich ein. Aeneas war inzwischen ausgewandert, zunächst nach der Halbinsel Pallene. Es ist klar, dass hier drei Ueberlieferungen verschmolzen sind: die von Aeneas Abzug aus Troas; die von der Herrschaft der Aeneaden und Hektoriden in Troas; und die von der Herrschaft des Askanios in Phrygien. Nikolaos von Damaskos berichtete dasselbe, wie aus einem von Stephanos erhaltenen Fragmente⁴) zu ersehen ist: *Ἀσκανία πόλις Τρωική.*⁵) *Νικόλαος τετάρτῃ*

---

¹) Il. B 862 f. N 793. Letztere Stelle bezieht Strabo (XII, 4, 8; ihm folgt Steph. B.) auf die Myser.
²) S. den Anhang. Alexander Aetolos lässt Dolion, den Stammvater der phrygischen Dolionen (zw. Aesepos und Rhyndakos) am askanischen See wohnen: Strabo XIV 5, 29. XII 4, 8.
³) Ant. I 47 f. ⁴) 29 Müller, 23 Dind.
⁵) Eine troische Stadt Askania ist wohl nur durch Missverständniss von Stephanos angesetzt. Nikolaos meint entschieden die —

ἱστοριῶν· „Σκαμάνδριος Ἕκτορος καὶ Ἀνδρομάχης ἐκ τῆς Ἴδης καὶ τοῦ Δασκυλείου καὶ τῆς Ἀσκανίας καλουμένης, ἣν ἔκτισεν ὁ Αἰνείου παῖς Ἀσκάνιος [zu ergänzen ist etwa στρατὸν συνέλεξεν]." Dadurch, dass nun Skamandrios endlich selbst zum Führer der Phryger gemacht wurde, wird die Angabe des Xanthos entstanden sein: die Phryger seien erst nach dem troischen Kriege von Europa nach Asien gewandert, Skamandrios habe sie aus Askanien und dem Lande der Berekynten geführt.[1]) Strabo bemerkt richtig, dass bei Homer die Phryger in Asien wohnen; nennt er sie doch nördliche Grenznachbarn des troischen Reichs, und als ihre Wohnsitze ausser Askanien die Ufer des Sangarios;[2]) es sei also nicht glaublich dass sie erst nach dem troischen Kriege eingewandert seien. Ueberdies ist die Stelle an sich sehr verdächtig. Ein Askanien in Europa kennen wir nicht. Die Berekynten waren später verschollen, und wahrscheinlich ein alter Name Phrygiens oder eines Theiles desselben.[3]) Es scheint daher, dass

---

faktisch existirende oder von den Mythographen fingirte — Hauptstadt der gleichnamigen phrygischen Landschaft.

[1]) Strabo XIV 5, 29 ὁ μὲν γὰρ Ξάνθος ὁ Λυδὸς μετὰ τὰ Τρωικά φησιν ἐλθεῖν τοὺς Φρύγας ἐκ τῆς Εὐρώπης καὶ τῶν ἀριστερῶν τοῦ Πόντου, ἀγαγεῖν δ' αὐτοὺς Σκαμάνδριον ἐκ Βερεκύντων καὶ Ἀσκανίας.

[2]) Il. Ω 544. Γ 108. Π 719. Β 862 f. Ν 793.

[3]) Ich stelle hier einige Angaben über die Berekynten zusammen: Strabo X 3, 12 οἱ δὲ Βερέκυντες Φρυγῶν τι φῦλον verehren die Rhea. id. XII 8, 21 λέγεται δέ τινα φῦλα Φρύγια οὐδαμοῦ δεικνύμενα, ὥσπερ οἱ Βερέκυντες. Stephanus: Βερέκυντος .. ἔστι δὲ πόλις Φρυγίας· καὶ ἡ χώρα Βερεκυντία, nach einem gew. Berekyntes benannt. Servius ad Aen. VI 785 kennt den Ort genauer: Berecynthia mater, Phrygia. Nam Berecynthos castellum est Phrygiae juxta Sangarium fluvium, ubi mater deum colitur. Dagegen ad IX 82 Berecyntia: mater deum a monte Berecynto. Hesychius gibt Βερεκύνται Φρυγῶν τι γένος· καὶ πρότερον Βερεκυντία ἡ Φρυγία· καὶ αὐλὸς Βερεκύντιος. — Βρέκυν τὸν Βρέκυντα τὸν Βρίγα. Βρίγες γὰρ οἱ Φρύγες. Dagegen Βερεκύνδαι δαίμονές τινες[?]. Nach Stesimbrotos bei Strabo X 3, 20 liegt dann der Berg Kabeiros (vgl. o.) in Berekyntien, und Diodor V

diese Nachricht nicht dem ächten Xanthos entnommen ist, sondern der Fälschung des Dionysios Skytobrachion, die von Artemon aus Kassandrea behauptet, von Welcker nachgewiesen ist.¹) Es mag allerdings eine phrygische Sage gegeben haben, sie seien unter Führung eines Askanios eingewandert — die Ansicht von ihrer Einwanderung aus Thrakien ist ja im Alterthum allgemein verbreitet. Uebrigens gehört zu der Angabe aus Xanthos auch, was Strabo XII 8, 3 aus diesem und Menekrates von Elaea berichtet: die Myser hätten ursprünglich am Olymp gewohnt, τῶν δὲ Φρυγῶν ἐκ τῆς Θρᾴκης περαιωθέντων [ἀν]ελόντων τε τὸν²) τῆς Τροίας ἄρχοντα καὶ τῆς πλησίον γῆς, ἐκείνους μὲν ἐνταῦθα οἰκῆσαι, τοὺς δὲ Μυσοὺς ὑπὲρ τὰς τοῦ Καΐκου πηγὰς πλησίον Λυδῶν (vgl. u.). — Auf ähnlichen Verwechselungen mag es beruhen, wenn nach Agathokles von Kyzikos³) Aeneas in urbe Berecynthia proxime flumen Nolon begraben sein soll.

Dass übrigens Völkerbewegungen nach dem troischen Kriege stattfanden, ist sicher. So scheint es, dass erst jetzt die Myser ans ägäische Meer vordrangen und die Ebene von Thebe, das homerische Kilikergebiet, besetzten, das dann später von Lydern colonisirt wurde.⁴) Auch die Phryger sollen weiter nach Troas vorgedrungen sein (Strabo X 3, 22: . . Φρυγίαν τὴν Τρῳάδα καλοῦντες διὰ τὸ τοὺς Φρύγας ἐπικρατῆσαι πλησιοχώρους ὄντας τῆς Τροίας ἐκπεπορθημένης: ebenso XII 4, 6). Allerdings lässt Strabo auch die Bebryken erst in dieser Zeit einwandern, was nicht richtig scheint

---

64, 5 berichtet, die Daktylen hätten die Natur der Metalle entdeckt auf Kreta τῆς Ἀπτεραίων χώρας περὶ τὸν καλούμενον Βερέκυνθον. Das alles zeigt, dass, wo Berekynten vorkommen, wir uns nicht mehr auf historischem Boden befinden.
¹) Athen. XII 11 p. 515.   Welcker, Kl. Schr. I.   ²) Wenn diese Lesart richtig ist.   ³) fr. 8 Müller (Bd. IV).   ⁴) Vgl. u. Strabo XII 8, 3. XIII 1, 8.

(vgl. o.). In Abydos endlich wohnten, als die Milesier es colonisirten, Thraker,[1]) in Antandros Edoner, auch ein thrakischer Stamm.[2]) Vielleicht hängt die Einwanderung der letzteren mit dem Einfall der Kimmerier zusammen, der überhaupt naturgemäss viele Veränderungen hervorgerufen haben muss.

§ 6.
Die Kimmerier und die Herrschaft der Lyder.

Die Raubzüge der Kimmerier gehören zu den Ereignissen, welche am Anfange unserer historischen Ueberlieferung stehen, und von denen uns daher nur unsichere und dürftige Kunde geblieben ist. Dass sie über ein Jahrhundert lang Kleinasien verwüsteten, die wachsende Macht der Lyder stark erschütterten, die griechischen Städte bedrängten, ist sicher genug; doch von Einzelheiten haben wir wenige, oft sich widersprechende Nachrichten.[3])

Dass die Heimath der Kimmerier das Land zwischen Donau und Don war, ist sicher genug bezeugt, und wird durch den Namen des kimmerischen Bosporus, des Ortes Kimmerikon u. ä. bestätigt. Die Taurer der Krim sind wahrscheinlich ihre Reste; dieser Name selbst ist aus dem der Kimmerier entstanden. Von hier wurden sie von den vordringenden Skoloten vertrieben.[4]) Nun sollen sie nach

---

[1]) Strabo XIII 1, 8. 22.   [2]) Aristoteles bei Steph. B. s. v. Ἀντανδρος. Plin. V 30, 123.
[3]) Zu allem folgenden vgl. die eingehenden Untersuchungen Dunckers. Gesch. d. Alt. I⁴ 395—401 II⁴ 429. 433—436. Deimling handelt von den Kimmeriern: Leleger p. 51—60. Grote geht nicht weiter auf sie ein. Vgl ferner Curtius, Fischers Zeittafeln u. a.
[4]) Herod. I 103. IV 1. 11 f.

Herodot nach Osten gezogen sein, den Kaukasos entlang und dann nach Kleinasien. Er lässt sie von den Skythen verfolgt werden, die aber den Weg verfehlen und in Medien einbrechen.[1]) Dies ist an sich sehr unwahrscheinlich: die Skythen kamen von Osten, die Kimmerier mussten also nach Westen fliehen. Ueberdies ist die Verbindung des Skytheneinfalls mit dem der Kimmerier erwiesenermassen ein Irrthum Herodots.[2]) Wären die Kimmerier von Osten nach Kleinasien gekommen, so hätten sie ferner mit den Assyrern in Berührung kommen müssen. Die assyrischen Denkmäler aber erwähnen sie das erste Mal unter Assarhaddon (651—668), dem ihr König Tiuspa Tribut schickt.[3])

Nun erscheinen mit den Kimmeriern zusammen die Trerer — οἱ Κιμμέριοι, οὓς καὶ Τρῆρας ὀνομάζουσιν, ἢ ἐκείνων τι ἔθνος, sagt Strabo[4] —; und die Trerer waren ein thrakischer Stamm.[5]) Dieselben kamen nach Strabo unter anderen nach Troas; und hier setzten sich in Abydos Thraker fest.[6]) Ferner berichtet Aristoteles, Antandros sei Edonis genannt worden, weil sich hier edonische Thraker festsetzten, oder Kimmeris, weil die Kimmerier hundert Jahre lang hier wohnten. Danach hat Plinius: Antandros Edonis prius vocata, dein Cimmeris.[7]) Alles dies scheint für die Richtigkeit der von Abel aufgestellten Behauptung zu sprechen, dass die Kimmerier von Europa, von Thrakien aus nach Kleinasien gekommen seien, so wenig ich auch seinen weiteren Behauptungen über den angeblichen Unterschied griechischer

---

[1]) Justin (II 4) macht die Kimmerier selbst zu Skythen; ob auch Trogus? Die bei ihm gegebenen Namen der Führer, Ylinos und Scolopitos, finden sich sonst nirgends.   [2]) Vgl. Duncker II⁴ 329—331.
[3]) Duncker I 400. II 280.   [4]) I 3, 21. vgl. XIV 1, 40.   [5]) Steph. Byz. s. v. Strabo I 3, 18. XIII 1, 8.   [6]) Strabo XIII 1, 8. 20. vgl. XII 8, 7.   [7]) Steph. B. s. v. Ἀντανδρος: Ἀριστοτέλης φησὶ ταύτην ὠνομάσθαι Ἠδωνίδα διὰ τὸ Θρᾷκας Ἠδωνοὺς ὄντας; οἰκῆσαι, ἢ Κιμμερίδα Κιμμερίων ἐνοικούντων ἑκατὸν ἔτη. Plin. V 30, 123.

und barbarischer Thraker, von denen die letzteren in dieser Zeit eingebrochen sein sollen, beistimmen kann.[1]

Der Einfall dieser thrakischen Stämme ist dem der Galater fünf Jahrhunderte später vollkommen analog. Wie diese durchschweifen und plündern sie das ganze Land, besetzen einige feste Plätze und unternehmen von Zeit zu Zeit grössere Raubzüge. Als sie in Phrygien einfielen, tödtete sich der König Midas, indem er Stierblut trank.[2] In dem phrygischen Orte Syassos sollen sie sich reicher Getreidevorräthe bemächtigt haben.[3] Vor allem aber setzten sie sich in Sinope fest, das kurze Zeit vorher von den Milesiern gegründet worden war: der Gründer Abrondas selbst soll im Kampfe mit ihnen den Tod gefunden haben.[4] Von hier aus wird ihr Fürst, wie oben erwähnt, den Assyrern Tribut gesendet haben, und in Folge ihrer Ansiedelung hier erscheinen sie in der Völkertafel der Genesis [in der Form גֹּמֶר Gomer = ass. Gimirai] als erstgeborener Sohn Japhets und Stammvater der kleinasiatischen Stämme Aschknaz (Askanier = Phryger), Riphat (die de Lagarde für die Rhebantier am Flusse Rhebas in Bithynien hält) und Thogarma (gew. als Armenier erklärt).[5]

Auf die weiteren Züge der Kimmerier, ihre zweimalige Einnahme von Sardes, die Niederlage von Magnesia, die Angriffe auf Ephesos, gehe ich hier nicht weiter ein. Durch

---

[1] Abel, Makedonien vor König Philipp p. 80 f. Ihm schliesst sich Deimling an. Duncker meint, die Kimmerier seien zu Schiffe von der Krim nach Sinope gekommen, was doch kaum wahrscheinlich ist.

[2] Strabo 1 3, 21. [3] Steph. Byz. s. v. [4] Herodot IV 12. Scymnus Chius v. 911 ff. Justin II 4. Wie ich aus v. Gutschmid, Neue Beiträge zur Geschichte des alten Orients p. 138 ersehe, ist der Name des Gründers von Sinope bei Skymnos richtiger Ἄβρων τις.

[5] Leider kann ich de Lagardes gesammelte Abhandlungen nicht wieder einsehen. Seine Identificirung von ריפת und Ῥηβάντια scheint mir sehr bedenklich, da letzteres wohl nur dem Dionysios perieg. seinen Ursprung verdankt. Gleich unsicher erscheint mir seine Erklärung von תגרמה als Τευθρανία.

den kurzen Bericht der assyrischen Inschriften hat die ganze Geschichte der Kimmerier ein neues Licht erhalten. König Assurbanipal (668—626) erzählt nämlich, König Gugu von Lydien habe ihm gehuldigt, um Hülfe zu erhalten gegen die Kimmerier, die sein Land verwüsteten. Darauf habe er dieselben besiegt und sei dann wieder von Assyrien abgefallen. Zur Strafe wurden die Kimmerier wieder mächtig, besiegten ihn; er selbst fiel in der Schlacht. Sein Sohn [Ardys] erkannte die assyrische Oberhoheit aufs neue an.[1]) — Dies ist glaube ich der Zug des Lygdamis, bei dem Sardes eingenommen, Ephesos belagert ward.[2]) Erst dem Alyattes gelang es, die Kimmerier unschädlich zu machen.[3])

In Bezug auf die Chronologie kann ich den Resultaten Dunckers nur beistimmen, obwohl hier natürlich wenig absolut sicher ist. Danach wären die Kimmerier und Treren jedenfalls um die Mitte des achten Jahrhunderts, vielleicht, nach Orosius Angabe,[4]) im Jahre 782 in Kleinasien eingebrochen. Die Zeit des Gyges ergibt sich mit ziemlicher Bestimmtheit aus den assyrischen Daten: Duncker setzt seinen Tod 654. Die Vernichtung der Kimmerier unter Alyattes (612—563) wird um 600 v. Chr. fallen.

An den Kimmeriereinfall knüpft sich noch eine interessante Notiz aus Arrians Bithyniaca: die Thraker seien aus Europa nach Asien hinübergezogen unter der Führung eines gewissen Pataros, als die Kimmerier Asien durchzogen; sie vertrieben diese aus Bithynien und besetzten es selbst.[5]) Derselbe Pataros

---

[1]) George Smith, History of Assurbanipal. Duncker l. c.
[2]) Herod. I 15. Plut. Mar. 11. Strabo I 3, 21 vgl. XIII 4, 8. XIV 1, 40. Kallimachos hymn. in Dian. 251 ff.
[3]) Herod. I 16. Polyaen. strat. VII 2, 1. [4]) I 21.
[5]) Arrian fr. 37 Müller bei Eust. ad Dion. 322: Θρῆκας ἐξ Εὐρώπης διαβῆναι εἰς Ἀσίαν μετὰ Παταρόν τινὸς ἡγεμόνος, ὅτε οἱ Κιμμέριοι τὴν Ἀσίαν κατέτρεχον, οὓς ἐκβαλόντες ἐκ Βιθυνίας οἱ Θρῆκες ᾤκησαν αὐτοί.

erscheint als Führer der Bithyner in einem Fragment aus Demosthenes Bithyniaca; er soll Paphlagonien erobert und die Stadt Tios (Ticion) gegründet haben, wo er als Zeus Tios verehrt wurde.[1]) Hierbei ist jedoch zu bemerken, dass Tios im Gebiet der Mariandyner lag, und dies erst spät von den bithynischen Fürsten erobert wurde. Noch während der Perserzeit erstreckt sich das Gebiet der Thyner und Bithyner, oder, wie der gewöhnliche Ausdruck ist, der asiatischen Thraker, nach Osten nicht weit über den Sangarios, bis in die Nähe Heraklea's.[2]) Dass die Bithyner erst so spät nach Asien kamen (um 700—650), dafür spricht, dass sie noch bei Herodot[3]) und Xenophon immer als eingewanderte Thraker erscheinen. Dagegen sollen sie, wie schon erwähnt wurde, von den Teukrern und Mysern aus dem Lande am Strymon verdrängt worden sein.

Die Unterwerfung der phrygischen Ureinwohner Bithyniens, der Bebryker, und die Raubzüge der Kimmerier haben unzweifelhaft manche Verschiebung der Völkergrenzen auch in Troas hervorgerufen. —

Während noch die Kimmerier Kleinasien verwüsteten, erhob sich die Macht der Lyder, zu deren Stärkung die Kämpfe mit jenen wesentlich beigetragen haben mögen.[4]) Die neue Dynastie, die mit Gyges im Jahre 689 (nach Duncker) den Thron bestieg, unterschied sich an Thatkraft und politischer Einsicht wesentlich von ihren Vorgängern. Aus Herodot wissen wir, dass mit Gyges die Angriffe auf die ionischen Städte begannen; auch sonst hat er das lydische Reich weit ausgedehnt. Herodot freilich lässt alle Eroberungen im Innern Kleinasiens erst von Kroesos gemacht werden; doch ist

---

[1]) Steph. Byz. s. v. Τίος. [2]) Xen. Anab. VI 4, 1. Skylax peripl. 91. S. ferner Memnon, hist. Heracl. Ueber die Grenze zwischen Thynern und Bithynern s. Steph. s. v. Ψίλιον. Eustath. ad Dion. 809. [3]) I 28. VII 75. [4]) Vgl. Duncker II⁴ 423—454.

dies entschieden falsch, da es dann nie zum Kriege zwischen Alyattes und Kyaxares von Medien gekommen wäre. Strabo berichtet, dass dem Gyges ganz Troas gehörte; nach ihm sei auch ein Vorgebirge bei Dardanos Gygas benannt.[1] Er erlaubte den Milesiern, Abydos zu gründen. Auch Daskylion, das den Namen seines Vaters Daskylos trägt, wird von ihm gegründet worden sein.[2] Im Gebirge Peirossos bei Zeleia lag ein den Lydern und später den Persern gehöriger königlicher Jagdpark.[3] Ferner colonisirten die Lyder die Ebene von Thebe und verdrängten die Myser wieder ganz vom Meere. Skylax berichtet: ἀπὸ Ἀντάνδρου καὶ τῆς Ἰλιακῆς τὸ κάτω ἦν πρότερον μὲν δι᾽ αὐτὴν(?) ἡ χώρα Μυσία μέχρι Τευθρανίας, νῦν δὲ Λυδία· Μυσοὶ δ᾽ ἐξανέστησαν εἰς τὴν ἤπειρον ἄνω. Dazu stimmt, dass Xenophon die Küste von Antandros an (excl.) Lydien nennt; erst Pergamon rechnet er zu Mysien. Strabo sagt: Θήβης πεδίον, ὃ διὰ τὴν ἀρετὴν περιμάχητον γενέσθαι φασὶ Μυσοῖς μὲν καὶ Λυδοῖς τὸ πρότερον, τοῖς δὲ Ἕλλησιν ὕστερον; und: Μυσία μὲν οὖν ἐστιν ἡ περὶ τὸ Ἀδραμύττιον· ἦν δέ ποτε ὑπὸ Λυδοῖς.[4] Hier gründeten die Lyder Adramytion, benannt nach Adramytes, dem Sohne des Alyattes nach Aristoteles, seinem Stiefbruder, Sohne des Sadyattes nach Nikolaos. Auch Kroesos soll hier unter der Regierung seines Vaters Statthalter gewesen sein.[5] Auch eine

---

[1] Strabo XIII 1, 22 ἦν γὰρ ἐπ᾽ ἐκείνῳ (Γύγῃ) τὰ χωρία [περὶ Ἄβυδον] καὶ ἡ Τρῳὰς ἅπασα, ὀνομάζεται δὲ καὶ ἀκρωτήριόν τι πρὸς Ἰαρδάνῳ Γυγάς. [2] Vgl. Nic. Dam. 63 Müller, 61 Dind. [3] Strabo XIII 1, 17. [4] Skylax peripl. 97. Xen. Anab. VII 8, 7. Strabo XIII 1, 61. 65. Die attischen Tributslisten dagegen erwähnen Ἀστυρηνοὶ Μυσοί (Köhler, Abh. Berl. Ak. 1869 p. 154).
[5] Steph. Byz. Ἀδραμύττειον ... κέκληται ἀπὸ Ἀδραμύτου κτιστοῦ, παιδὸς μὲν Ἀλυάττου. Κροῖσον δὲ ἀδελφοῦ, ὡς Ἀριστοτέλης ἐν πολιτείαις καὶ ἄλλοι τινές δὲ ἀπὸ Ἕρμωνος τοῦ Λυδῶν βασιλέως· τὸν γὰρ Ἕρμωνα Λυδοὶ Ἀδραμὺν καλοῦσι γρηγιστί. Nic. Dam. fr. 63 Müller 61 Dind.; 65 Müller 63 Dind. — Wenn Strabo XIII 1, 51 Adramytion eine Colonie der Athener nennt, so bezieht sich dies wohl darauf, dass

Stadt Ardynion in der thebischen Ebene erwähnte der Lyder Xanthos,[1]) die allerdings nach Nikolaos der mysische König Arnossos gegründet hatte, der Vater der Tudo, die Gyges dem Sadyattes (= Kandaules), dem letzten Herakliden, als Braut brachte und dann später selbst zur Gemahlin nahm.[2]) — Sonst wird aus der Lyderzeit noch erwähnt, dass Kroesos die Stadt Sidene am Granikos zerstörte, in die der — sonst unbekannte — Tyrann Glaukias sich geflüchtet hatte: den Boden der Stadt belegte er mit Verwünschungen. Auch Xanthos hatte hiervon erzählt.[3])

§ 7.
Die griechische Colonisation.

Die griechischen Colonien in Troas sind theils äolische, theils ionische. Die letzteren beginnen mit Abydos und sind ein Theil des Colonienkranzes, der beide Seiten der Propontis umfasste; die äolischen liegen an der West- und Südküste von Troas und im Binnenlande. Dass die ersteren erst in verhältnissmässig später Zeit gegründet worden sind, steht fest; dagegen ist die gewöhnliche Ansicht, dass die äolischen Colonien in die Zeit der ältesten Colonisation zurückgehen, in der Lesbos, Kyme, Milet u. s. w. von den Griechen besetzt wurden.

diese die Delier, als sie die Insel reinigten, hierher verpflanzten (Thuk. V 1. VIII 108). Dikaearchs Erzählung (fr. 11) ist natürlich werthlos; nach ihm ist die Stadt von Granikos oder Atramys, einem Pelasger, gegründet.

[1]) Bei Steph. B. s. v.   [2]) Nik. Dam. 49 Müller 48 p. 33 Dind.
[3]) Strabo XIII 1, 11. 42. Steph. B. s. v. — Bithynien scheint von Alyattes erobert worden zu sein: Steph. B. Ἀλύαττα, χωρίον Βιθυνίας, ἀπὸ Ἀλυάττου κρατήσαντος τὸν τόπον.

Dies scheint jedoch nicht richtig zu sein. Das eigentliche Aeolis beginnt erst südlich von der thrakischen Ebene und umfasst die Küste von Teuthranien und Lydien bis nach Smyrna. Hier liegen die zwölf alten äolischen Städte. Zu ihnen gehören ferner die Inseläoler, die Bewohner von Lesbos, den Hekatonnesoi, und Tenedos. Von diesen gesondert aber sind die äolischen Städte von Troas.[1]) Diese gelten der Mehrzahl nach als Colonien von Lesbos, d. h. von Mitylene — mit Ausnahme von Assos — und die Lesbier hatten die Oberherrschaft über die troische Küste.[2]) Dazu kommt nun, dass bei allen Orten, deren Gründungszeit wir kennen, diese nicht älter ist, als die Herrschaft der Lyder. Danach hat es vor dem Jahre 700 schwerlich griechische Colonien in der Troade gegeben. Ist dies aber richtig, so ist es ein sicherer Beweis für die Unhaltbarkeit der Ansicht, dass der troische Krieg nur eine sagenhafte Gestaltung der griechischen Colonisation sei.

Ich zähle jetzt die einzelnen Colonien auf.

Antandros kann erst spät colonisirt worden sein. Wir sahen, dass es von Kimmeriern und Edonern besetzt wurde, dass Alkaeos es dann wieder lelegisch, Herodot pelasgisch nannte. Zu Thukydides Zeit war es dagegen äolisch.[3])

Assos ist nach Myrsilos von Methymna auf Lesbos gegründet, während Hellanikos es einfach äolisch nannte.[4]) Von ihm ward das benachbarte Gargara colonisirt, früher ein

---

[1]) S. Herod. I 149—151. Er sagt: αὗται μὲν οὖν αἱ ἠπειρωτίδες Αἰολίδες πόλεις, ἔξω τῶν ἐν τῇ Ἴδῃ οἰκημένων· κεχωρίδαται γὰρ αὗται. Sonst hat Herodot V 122: Αἰολέες, ὅσοι τὴν Ἰλιάδα νέμονται. Vgl. ferner Her. V 26. 94. VII 42. Dagegen nennt Xenophon (Hell. III 1. 10) Troas, Skylax (95) die Südküste von Troas Aeolis.

[2]) Strabo XIII 1, 38: Λεσβίων ἐπιδικαζομένων σχεδόν τι τῆς συμπάσης Τρῳάδος· ὧν δὴ καὶ κτίσματά εἰσιν αἱ πλεῖσται τῶν κατοικιῶν, αἱ μὲν συμμένουσαι καὶ νῦν, αἱ δ' ἠφανισμέναι. Vgl. Herod. V 94

[3]) Thuk. VIII 108: Ἀντάνδριοι εἰσὶ δὲ Αἰολῆς. [4]) Str. XIII 1, 58.

lelegischer Ort. Später führten die Könige (d. h. die Makedoner) barbarische (phrygische) Ansiedler aus Miletupolis hierher.[1] — Die Ruinen von Assos sind hinlänglich bekannt. In der Nähe des Vorgebirges Lekton (Baba Burnu) liegen Polymedion,[2] Lamponeia,[3] Hamaxitos,[4] und an der Satnioeismündung Tragasae, durch Salinen bekannt.[5] Dann folgt ein Sminthion, Chryse, Sigia an der Stelle des späteren Alexandria, Larisa in der Nähe warmer Quellen, endlich Achaion.[6] — Auch Tenedos war äolisch. Weiter im Lande lag Kolonae, die angebliche Residenz des Kyknos, des Vaters des Tennes, der Insel Tenedos gegenüber, 140 Stadien von Ilion.[7] Danach ist es unzweifelhaft, dass ihm die Ruinen angehören, die auf dem Gipfel des Tschighlidagh liegen. Dies ist ein etwa 1500 Fuss hoher Granitberg, steil und unzugänglich. Hoch oben auf der ebenen Fläche des Gipfels liegen die Mauern einer alten Stadt, fast vollständig erhalten, aus grossen Granitblöcken aufgethürmt. Die Trümmer vieler Wohnungen sind noch sichtbar, doch werden natürlich die Steine von den Bewohnern namentlich Kestambols fortgeschleppt. Diese haben auch mehrere Gräber vor dem Thore aufgebrochen. Inschriften finden sich nicht. — Die Aussicht vom Gipfel ist grossartig. Man übersieht die ganze Troade, den Ida, das Skamanderthal bis zum Hellespont, hinten die Inseln Samothrake und Imbros, Tenedos vor der ansteigenden Westküste der Troas, endlich das weitvorragende Baba Burnu (Vorgebirge Lekton).

---

[1] Strabo l. c. Steph. B. [2] Strabo l. c. 51. Plin. V 31, 123. [3] Str. 58. Her. V 26. Attische Tributlisten bei Köhler (Abh. der Berl. Ak. phil.-hist. Cl. 1869) p. 166 [ich citire immer das von ihm gegebene Städteverzeichniss]. [4] Str. 48. 51. Skylax 94. [5] Str. 48. vgl. Meineke im Epimetrum zu Steph. B. p. 721. [6] Strabo 47 f. Plin. l. c. 124. Skylax 94. Athen. II 17 p. 43 A. Hekataeos bei St. B. s. v. Σίγη. [7] Strabo 46 f. 19. Plin. l. c. Skylax 94. Thuk. I 131. Pausan. X 14, 1. Diod. V 83.

Noch weiter im Innern lag Neandria, 130 Stadien von Ilion, nördlich von Assos.¹) Danach lag es an der Stelle des gegenwärtigen Ine, in der Nähe des Skamander, da wo dieser die Ebene seines oberen Laufes verlässt um die Gebirge im Norden zu durchbrechen.

In dem alten Troergebiete scheint der älteste griechische Ort Rhoeteon gewesen zu sein, nach Strabo eine Colonie der Astypalaeer. In seiner Nähe,²) beim Grabhügel des Aias, lag dessen Heiligthum, ein kleiner Ort Aianteon, nach Plinius³) von den Rhodiern gegründet, wofür vielleicht richtiger wieder die Astypalaeenser einzusetzen wären. Diese gründeten von Rhoeteon aus auch einen kleinen Ort Polion (später Polisma) am Simoeis, der rasch verfiel. Neuilion dagegen wurde erst später, etwa in der Zeit des Kroesos, gegründet (um 560). Es war bis auf Alexanders Zeit ein unbedeutender Ort, nur durch seinen Athenetempel bekannt.⁴) In der Nähe lag auch Skamandria, wohl bei Kalifatly am Skamander; eine verstümmelte Inschrift erwähnt bestimmte Rechte, die die Ilier den Bewohnern desselben einräumten.⁵) Ferner, auf den Höhen bei Rhoeteon, Ophrynion mit einem Haine des Hektor.⁶)

Sigeon dagegen wurde um 610 von den Athenern besetzt. Die Mitylenäer, die Troas als ihr Gebiet betrachteten, machten es ihnen streitig, und es kam zu langjährigen Kämpfen, die durch mehrere Episoden bekannt sind. Dieselben sind neuerdings von Schoene so erschöpfend behandelt worden,

---

¹) Strabo 51. Plin. 122. Skylax 95. Köhler p. 167. Bei Skylax (ich habe nur Klausens Ausgabe zur Hand) ist natürlich zu lesen: *Aloλίδε; δὲ πόλεις ἐν αὐτῇ εἰσιν ἐπὶ θαλάττῃ αἵδε· [Ἄσσος, Γάργαρα, Ἀντανδρος· ἐν δὲ τῇ μεσογαίᾳ] Κέβρην, Σκῆψις, Νεάνδρια κτλ.*
²) Strabo l. c. 42. ³) Plin. V 31, 124. vgl. Str. 30. ⁴) Str. 42. 25 f. ⁵) Plin. V 30, 124. Hierokles synekd. p. 662 Wesseling. C. I. gr. 3597. ⁶) Strabo 29.

dass ich mich darauf beschränke, die Resultate seiner Untersuchung zu geben.[1]) Danach fällt der erste Krieg in Ol. 42 oder 43 (613—605): in diesen fällt der bekannte Zweikampf zwischen Pittakos und dem Führer der Athener, dem Olympioniken Phrynon. Pittakos siegte durch List, indem er seinen Gegner in ein Fischnetz verwickelte (im Jahre 606 nach Euseb.). Die Mitylenaeer bemächtigten sich darauf Sigeons, und als endlich der Schiedsspruch des Tyrannen Periander angerufen wurde, entschied dieser auf den Status quo. — Später eroberte Pisistratos Sigeon aufs neue; die Mitylenaeer befestigten Achilleon, den ein wenig nördlich von Sigeon belegenen Ort beim Grabhügel des Achilleus.[2]) Ihr Führer Archaeanax soll der Ueberlieferung nach dazu Steine von den Mauern Ilions verwandt haben,[3]) was unmöglich ist. In einem dieser Kämpfe (Ol. 55—57, zwischen 560 und 549) verlor Alkaeos seinen Schild, den die Athener im Tempel der Athene in Sigeon aufhängten. Diesmal behielten die Athener Sigeon: Pisistratos setzte seinen natürlichen Sohn Hegestratos dort zum Statthalter ein. Und als Hippias vertrieben ward, ging er nach Sigeon und behauptete sich dort unter dem Schutze der Perserkönige.[4])

Die nächste Colonie ist Dardanos, κτίσμα ἀρχαῖον, aber unbedeutend.[5]) Dann folgt Abydos, die erste ionische Stadt, von Milet unter Gyges gegründet (um 680).[6]) Seine frühere Geschichte ist schon besprochen. Zur Zeit des Skythenfeldzugs des Darios herrschte hier der Tyrann Daphnis;[7]) und aus zwei Stellen des Aristoteles geht hervor, dass hier zwar

---

[1]) Schoene in Symb. phil. Bonn (II) 746—752. Die Hauptstellen sind Herod. V 94 f. Strabo XIII 1, 38 f.
[2]) Vgl. Plin. V 31, 124 fuit et Achilleon oppidum juxta tumulum Achillis, conditum a Mitylenaeis et mox Atheniensibus ubi classis ejus steterat in Sigeo. [3]) Strabo l. c. [4]) Her. V 65. 91. 94. Thuk. VI 59.
[5]) Skylax 94. Strabo XIII 1, 28. [6]) Strabo XIII 1, 22. XIV 1, 6.
[7]) Herod. IV 138.

eine in Hetaerien zerfallende Oligarchie bestand, die Wahlen aber von dem ganzen Volke vorgenommen wurden, und dies den Umsturz derselben herbeiführte. Im weiteren Verlauf vertraute man das Heer einem ausserhalb der Parteien stehenden Manne (μεσιδίῳ) an [Iphiades?], der sich dann wie es scheint zum Tyrannen machte.[1])

Es folgt Lampsakos, nach Strabo eine milesische Colonie, nach Charon richtiger phokäisch. Sein Bericht über die Gründung ist schon erwähnt; das Datum ist nach Eusebios Ol. 32, 2 = 651.[2]) Im sechsten Jahrhunderte herrschten hier die Tyrannen Hippoklos und sein Sohn Aeantides, von denen der letztere mit Hippias Tochter Archedike vermählt war.[3]) Wie die Lampsakener den älteren Miltiades, den Herrscher des Chersones, gefangen nahmen und dieser durch Kroesos Drohungen befreit wurde, erzählt Herodot VI 37.

Im Inneren des lampsakenischen Gebietes lag Kolonae, nach Strabo milesisch,[4]) zwischen Lampsakos und Abydos Arisbe und Perkote. Strabo behauptet fälschlich, ihre Lage sei unsicher: denn sie finden sich in den attischen Tributlisten, und werden später mehrfach genannt, haben auch Münzen geprägt.[5]) Ferner findet sich Palaeperkote in den

---

[1]) Aristot. Pol. p. 205, 6 Bekk. „es tritt Umsturz der Oligarchie durch Demagogie ein ... καὶ ἐν ὅσαις ὀλιγαρχίαις οὐχ οὗτοι αἱροῦνται τὰς ἀρχὰς ἐξ ὧν οἱ ἄρχοντές εἰσιν, ἀλλ' αἱ μὲν ἀρχαὶ ἐκ τιμημάτων μεγάλων εἰσὶν ἢ ἑταιριῶν, αἱροῦνται δ' οἱ ὁπλῖται ἢ ὁ δῆμος, ὅπερ ἐν Ἀβύδῳ συνέβαινεν" und p. 206, 12: „ein Umsturz der Oligarchie geschieht auch folgendermassen: ἐν δὲ τῇ εἰρήνῃ διὰ τὴν ἀπιστίαν τὴν πρὸς ἀλλήλους ἐγχειρίζουσι τὴν φυλακὴν στρατιώταις καὶ στρατηγῷ μεσιδίῳ, ὃς ἐνίοτε γίνεται κύριος ἀμφοτέρων, ὅπερ συνέβη ... ἐν Ἀβύδῳ ἐπὶ τῶν ἑταιριῶν, ὧν ἦν μία ἡ Ἰφιάδου" — στασιασμός in Abydos auch [Aristot.] Oecon. II 19. — Die Abydener erobern Sestos Polyaen. Strateg. I 37. [2]) Strabo XIII 1, 19. Charon Lamps. fr. 6. 7. Müller. Steph. Byz. Euseb. arm. anno Abrah. 1365.   [3]) Thuk. VI 59. Herod. IV 138.   [4]) Strabo 19.   [5]) Strabo 20. Köhler p. 162. 168. Herod. V 117. Arrian I 12, 6. Polyb. V 111, 5. Mionnet II 163 f. Suppl. V 358 f.

Tributlisten und bei Strabo.¹) Arisbe war nach Anaximenes von Lampsakos eine milesische, nach Stephanus eine mitylenäische Colonie.²)

Das schon bei Homer genannte Paesos erhielt eine milesische Colonie. In den attischen Tributlisten findet es sich noch; später wurde es zerstört, die Einwohner nach Lampsakos verpflanzt.³)

Es folgt Parion, *κτίσμα Μιλησίων καὶ Ἐρυθραίων καὶ Παρίων*. Plinius setzt es an die Stelle des homerischen Adrastea, während dies nach Strabo zwischen Parion und Priapos lag. Grenzstreitigkeiten mit Lampsakos erwähnt Polyaen, einen parischen Tyrannen Herophantos (um 512) Herodot.⁴)

Endlich Priapos, nach Strabo eine Colonie von Milet oder Kyzikos, also vermuthlich des letzteren.⁵) Auch Zelea muss griechisch gewesen sein, da der bekannte Arthmios, den die Athener in den Perserkriegen als Vaterlandsverräther ächteten, von hier stammte.⁶) Die nächste griechische Colonie war Kyzikos, gegründet von Milet (750 und 683 nach Euseb. und Synk.).⁷)

Ferner werden mehrere Orte genannt, deren Lage wir nicht genau kennen, so *Ἀζειῆς* oder *Ἀζειοί*, Berytis (*Βερύσιοι ὑπὸ τῇ Ἴδῃ* Tributliste von 454) und Gentinos. Alle drei finden sich in den Tributlisten, bei Stephanus, und auch auf Münzen.⁸)

Einer in solcher Stärke eindringenden überlegenen Be-

---

¹) Köhler p. 167. Strabo 20. ²) Strabo XIV 1, 6. Steph. B. s. v.
³) Strabo XIII 1, 19. XIV 1, 6. Herod. V 117. Köhler p. 167.
⁴) Strabo XIII 1, 14. 13. Plin. V 32, 141. Polyaen. VI 24. Herod. IV 138. Merkwürdigerweise findet sich hier der Name *Γραικοί*, nach [Pseudo-]Kephalon ein Name für die Anwohner des Granikos, bei Steph. Byz. s. v. *Γραικός*, wo es ferner heisst: *εἰσὶ δὲ καὶ Γραῖκες Αἰολέων, οἱ τὸ Πάριον οἰκοῦντες*. Vgl. Const. Porphyr. Them. p. 25 ed Bonn. ⁵) Strabo 12. ⁶) Erwähnt bei Strabo 10 und sonst, St. B., und in den Tributlisten (Köhler 164, nach Boeckhs Restitution): Arthmios Plut. Themist. 6, Demosth., u. a. ⁷) Vgl. Marquardt, Cyzicus und sein Gebiet. ⁸) Mionnet suppl. V 360 ff. 384.

völkerung gegenüber, die alle Städte und bald auch das ganze Ackerland besetzte, konnte sich die einheimische Bevölkerung natürlich nicht behaupten. Die Bebryker und Leleger verschwinden nach der Colonisation von Lampsakos, Antandros und Gargara; und auch die Troer oder Teukrer hellenisirten sich allmählich. So sahen wir schon, dass Skepsis, die Stadt der Aeneaden, eine milesische Colonie aufnahm;[1]) ebenso ward Kebren am obern Skamander — in der Landschaft Kebrene, deren Eponymos in der Ilias Kebrioneus ist — eine Colonie von Kyme.[2]) Nur in dem mehrfach erwähnten Gergis erfahren wir nichts von einer Colonie: Herodot nennt die Einwohner Nachkommen der alten Teukrer.[3]) Unter dem Namen eines Gergithiers Kephalon verfasste später Hegesianax von Alexandria eine oft citirte Geschichte der Troer.[4])

—

§ 8.
Spätere Geschichte der Troade.

Die spätere Geschichte der Troade hat für uns kein weitergehendes Interesse mehr. Sie besteht nur aus einem Haufen zusammenhangsloser Notizen, die lediglich durch ein geographisches Band verbunden sind, denen aber alle wirkliche Einheit fehlt. Auch reichen sie nicht aus, um ein ausgeführtes Bild von dem inneren Leben der kleinen griechischen Staaten zu entwerfen. Ich gebe hier daher nur eine kurze Skizze, die auf absolute Vollständigkeit keinen Anspruch macht.

---

[1] Strabo XIII 1, 52. XIV 1, 6. In der Nähe lag auch ein Polichna, Str. 45. 52. [2]) Ephoros fr. 22. Müller. Hellenisch auch bei Xen. Hell. III 1, 18. [3]) Her. V 122. VII 43. Herodot nennt den Ort Γέργιθες, Xenophon Hell. III 1, 15 Γέργιθα, Stephanus Γέργις, Livius Gergithum. Vgl. Str. XIII 1, 19. [4]) Athen. IX 393 D. S. Müller Fragm. III 68 ff.

Nach dem Falle des lydischen Reichs (548) wurde wie Aeolis und Ionien auch Troas persische Provinz, und von Darios der dritten, phrygischen, Satrapie zugetheilt.¹) (Hauptstadt Daskylion²). Beim Skythenfeldzuge des Darios stellten die einzelnen Städte Contingente, von denen jedoch mehrere das Heer verliessen. Dafür wurden von Otanes neben Byzanz und Chalkedon auch Antandros und Lamponion, sowie nach Strabo Abydos eingenommen und verbrannt.³) Am ionischen Aufstande nahmen ausser den Städten des eigentlichen Aeolis auch die troischen Theil, Gergis mit eingeschlossen; Daurises und Hymeas unterwarfen sie wieder.⁴)

Die Perserkriege brachten auch den troischen Griechen Freiheit; sie wurden Mitglieder der attischen Symmachie. In den Tributlisten finden wir im ionischen Bezirk die Bewohner von Astyra (Ἀστυρηνοὶ Μυσοί), Gargara und Assos (Ἴσσιοι). Die übrigen Orte an der Südküste von Troas (αἱ πόλεις αἱ Ἀκταῖαι καλούμεναι Thuk. IV 52) gehörten den Mitylenäern.⁵) Nach deren Abfall besetzten sie die Athener; nur vorübergehend setzten sich die flüchtigen Mitylenäer in Antandros und der Umgegend fest (424).⁶) — In dem hellespontischen Steuerbezirk werden von troischen Städten genannt Abydos Arisbe Harpagia Ἀζειῆς Berytis Dardanos Gentinos Perkote Palaeperkote Lampsakos Paesos Parion Priapos Zelea. An der Westküste Sigeon Tenedos Lamponea, ferner Neandria, die Kebrenier und Σκάψιοι oder Σκαψαῖοι. Letztere identificirt Kirchhoff nach Boeckhs Vorgang mit Steph. B. Σκέμψα πόλις Θρᾴκης· τὸ ἐθνικὸν Σκεμψαῖοι καὶ „Σκέμψιοι Δαυνιοτειχῖται." Mir scheint es indessen viel näher liegend, sie für die Skepsier zu halten; es wäre auffallend, wenn diese fehlten.⁷)

---

¹) Her. III 90. ²) Her. III 120. 126. VI 33. ³) Her. IV 138. V 26 f. Strabo XIII 1, 22. ⁴) Her. V 103. 117. 122. ⁵) Thuk. III 50. IV 52. Strabo XIII 1, 39. ⁶) Thuk. III 50. IV 52. 75. Strabo l. c. ⁷) Zu allem s. die Liste bei Köhler.

Sonst erfahren wir nicht viel. Abydos und Lampsakos fielen 411 von Athen ab, doch wurde letzteres sofort wieder unterworfen.[1]) Nach dem Falle Athens wurden alle kleinasiatischen Griechen wieder persische Unterthanen; nur die Feldzüge der Spartaner brachten eine kurze Unterbrechung. Aus diesen ist eine Episode, die Xenophon berichtet, interessant. Er erzählt, dass Aeolis, d. h. hier Troas, welches zu der phrygischen Satrapie des Pharnabazos gehörte, von einem Dardaner Zenis verwaltet wurde. Wie es scheint, ist $\varDelta\alpha\varrho\delta\alpha\nu\varepsilon\acute{\upsilon}\varsigma$ hier nicht „aus Dardanos gebürtig", sondern ein „Dardaner", d. h. ein Teukrer oder Troer; dann wäre es das letzte Mal, dass diese in der Geschichte vorkommen. Nach seinem Tode übernahm seine Gemahlin Mania, auch eine Dardanerin, die Herrschaft und führte sie mit fester Hand zur vollen Zufriedenheit des Pharnabazos. Die Hauptorte des Gebietes waren Skepsis, Kebren und Gergitha [Gergis], wo der Schatz lag; sie eroberte dazu die griechischen Städte Larisa, Hamaxitos und Kolonae. Doch wurde sie und ihr Sohn von ihrem Schwiegersohn Midias, einem Skepsier, ermordet, und es gelang diesem, Skepsis und Gergitha zu besetzen. Die Besatzungen der übrigen Städte wollten ihn nicht anerkennen, und als jetzt Derkyllidas erschien, fielen ihm die Griechenstädte freiwillig zu, und auch die Einwohner von Kebren öffneten ihm die Thore. Durch eine List gewann er dann Eintritt auch in Gergitha und Skepsis, besetzte beide Orte, und bemächtigte sich der dort liegenden Schätze (399 v. Chr.)[2])

Was wir sonst noch aus der Perserzeit wissen, wie dass zu den Städten welche der Grosskönig dem Themistokles schenkte, auch Lampsakos, sowie nach Neanthes von Kyzikos Perkote und Palaeperkote gehörten;[3]) dass Philiskos, ein

---

[1]) Thuk. VIII 62. [2]) Xen. Hell. III 1, 10 ff. [3]) Thuk. I 138. Plut. Them. 29. Strabo XIII 1, 12.

Günstling des Satrapen Ariobarzanes, die hellespontischen Städte, namentlich Lampsakos, besetzte und hier viele Verbrechen verübte, bis die Lampsakener Thersagoras und Exekestes ihn ermordeten;[1]) dass der attische Feldherr Charidemos in die Dienste des aufständischen Satrapen Artabazos trat und für ihn Skepsis, Kebren, Ilion eroberte;[2]) dass Chares auf einem seiner Feldzüge Lampsakos und Sigeon ausplünderte;[3]) dass dem bekannten Hermias von Atarneus, dem Freunde des Aristoteles, den der persische Feldherr Memnon durch List gefangen nahm und hinrichten liess, auch Assos gehörte,[4]) — das alles sind zusammenhangslose, fragmentarisch überlieferte Thatsachen, die ich hier nur erwähnt haben will.

Als Alexander nach Asien zog, besuchte er Ilion und die Gräber der Heroen. Wie schon Xerxes vor ihm, brachte auch er der Athene ein Opfer, und hing seine Rüstung im Tempel als Weihgeschenk auf.[5]) Das Interesse, welches er dem Orte zuwandte wo sein Ahnherr und Vorbild Achill gekämpft hatte, veranlasste ihn, den Ort für eine Stadt zu erklären, steuerfrei zu machen und zu versprechen, dass er ihn zu einer grossen und schönen Stadt machen werde. Nach seinem Tode führte Lysimachos den Plan aus: er verpflanzte die Einwohner mehrerer umliegender Orte dorthin, umgab es mit einer vierzig Stadien langen Ringmauer, und baute wahrscheinlich den Athenetempel, dessen Ueberreste Schliemann ausgrub. Trotz alledem wuchs Ilion kaum; es lag nicht an einer Stelle, die eine grosse Bevölkerung anziehen konnte, hatte keinen Hafen: das benachbarte Alexandria war in jeder Beziehung günstiger gelegen. So war Ilion nur ein grosses

---

[1]) Demosth. c. Aristocr. p. 666 f. 687 f. Neben ihm wird noch Aganos genannt.   [2]) Dem. l. c. p. 671. Polyaen. III 14. Plut. Sertor. I.
[3]) Demosth. Olynth. II p. 26. Später besetzte Memnon Lampsakos und trieb reichlich Geld ein: [Aristot.] Oecon. II 29.
[4]) Strabo XIII 1, 57.   [5]) Arrian I 11, 7. Herod. VII 43.

Dorf (κωμόπολις), als die Römer nach Asien kamen; nach Demetrios von Skepsis waren die Häuser nicht einmal mit Ziegeln gedeckt.[1])

Der erste Nachfolger Alexanders, der längere Zeit über Troas herrschte, war Antigonos, der König von Asien. Dieser gründete an der Westküste von Troas, da wo bisher der Ort Sigia lag, Tenedos gegenüber, eine Stadt Antigonia. Der Sitte der Zeit gemäss, verpflanzte er die Bewohner aller umliegenden Orte, von Larisa, Kolonae, Chryse, Hamaxitos, Neandria, ja von Kebren und Skepsis hierher.[2]) Als dann nach der Schlacht bei Ipsos (301) dem Lysimachos Kleinasien zufiel, nannte er die Stadt Alexandria um, mit dem Beinamen ἡ Τρῳάς.[3]) Die kleinen Städte, deren Einwohner hierher verpflanzt waren, verfielen, und ihre Namen werden in den Listen des Strabo und Plinius mit ἦν, fuit, intercidere aufgeführt; nur den Skepsiern gestattete Lysimachos zurückzukehren.[4]) Es war dies ein Zeichen der veränderten Zeitumstände: die Zeit der kleinen Land- und Seestädte, mit ihren partikularistischen Interessen, mit altgriechischem beschränktem Bürgersinn, ihren Parteistreitigkeiten und ihrer Lokalpolitik, war vorüber; an die Stelle der kleinen Republiken und Tyrannenstädte, in denen sich seit dem achten Jahrhundert das griechische Leben so reich entfaltet hatte, traten jetzt internationale Grossstädte. Die hellenistische Zeit brachte einen allgemeinen Weltverkehr, verschmolz die verschiedenen Nationen und Stämme; die alte Selbstständigkeit, das Parteigetriebe kleiner Städte, die altgriechische Freiheit waren verschwunden, aber grossartige Handelsstädte, ein reges wissenschaftliches, künstlerisches und commerzielles Leben traten an ihre Stelle. Für diese Zwecke war Alexandria sehr günstig gelegen, in

---

[1]) Strabo XIII 1, 26 f.   [2]) Strabo 26. 33. 47.   [3]) Strabo 26. Plin. V 30, 124.   [4]) Strabo 33. 52.

unmittelbarer Nähe der grossen Verkehrsstrasse des Hellesponts, an einer zwar nicht sehr grossen aber völlig geschützten Bucht — dieselbe ist jetzt bis auf einen kleinen Salzsee völlig versandet — in fruchtbarer, obwohl allerdings wasserarmer Gegend. So überflügelte Alexandria Ilion rasch, und trotz alles Interesses, das die Späteren Letzterem zuwandten, konnte es doch niemals entfernt die Bedeutung Alexandrias erreichen. Von der Blüthe dieser Stadt geben seine Ruinen hinlänglich Zeugniss: die Mauern, die sich in einem Umkreis von etwa drei Stunden über die Höhen hinziehen, das Theater, das Stadion, das Gymnasion, die Hafenbauten mit den colossalen Granitsäulen, deren Trümmer jetzt am Strande liegen.[1] —

Lysimachos fand bei Kurupedion seinen Tod (282), sein Reich fiel dem Seleukos zu. Von da an bis zum Jahre 246 ist Troas seleukidisch. Die griechischen Städte waren unter ihrer Herrschaft nicht etwa frei, sondern den Königen tributär. Ueber die Zustände Ilions geben die Inschriften einige Auskunft. Antiochos I. (281—264) bezeigte der Stadt sein Wohlwollen, wofür die Bewohner ihm eine Reiterstatue im Tempel der Athene errichteten.[2] Communale Selbstständigkeit hatte die Stadt natürlich: Rath und Volksversammlung führen die Verwaltung. Die Bevölkerung zerfällt in Phylen und Phratrien; von jenen, zwölf an der Zahl, werden genannt ἡ Ἀλεξανδρὶς φυλή, ἡ Ἀτταλὶς φυλή, ἡ Πανθωὶς φυλή. Sie ertheilen das Bürgerrecht an Fremde. Mit mehreren Nachbarstädten sind sie zur Feier des Athenefestes (grosse und kleine

---

[1] In den Steinbrüchen am Tschighli dagh, bei Kotschoban Ovassy, liegen neun fertige, wahrscheinlich für Alexandria bestimmte Granitsäulen, von denen die grössten etwa 6 Fuss im Durchmesser haben. Andere derartige Säulen sollen bei Aktsche Ketscheli liegen.

[2] C. I. gr. 3595, die bekannte sigeische Inschrift. Aus Antiochos III. Zeit stammen die Inschriften C. I. 3596 und Schliemann p. 201 ff. In die syrische Zeit gehört wohl die erste Inschrift bei Schliemann p. 12.

Panathenäen) verbündet: *Ἰλιεῖς καὶ αἱ πόλεις αἱ κοινωνοῦσαι τῆς θυσίας καὶ τοῦ ἀγῶνος καὶ τῆς πανηγύρεως.* In einer Inschrift danken sie den Rhodiern, Deliern und Pariern, wie es scheint für die Beilegung von Streitigkeiten mit den Nachbarstädten.[1) — Als die Römer mit Seleukos II. Kallinikos (247—225) auf dessen Bitten ein Bündniss schlossen, — das erste Mal, dass sie in der hellenistischen Geschichte auftreten — machten sie zur Bedingung, dass ihre Mutterstadt Ilion von allen Lasten befreit werde.[2)] —

Die Zeit der seleukidischen Herrschaft war keineswegs ruhig. Im Jahre 278 waren die Galater nach Kleinasien gekommen. Nachdem sie die Dienste des bithynischen Königs verlassen hatten, durchzogen sie plündernd ganz Kleinasien. Sie hatten sich das Land so getheilt, dass die Tektosagen im Inneren, die Tolistoboger in Aeolis, die Trokmer an den Küsten des Hellesponts Tribut eintreiben sollten.[3]) So blieb auch Troas von ihnen nicht verschont. Nach Hegesianax setzten sie sich in Neuilion fest, verliessen es aber bald wieder, weil es unbefestigt war, — die Mauer des Lysimachos mag nicht stark genug gewesen sein.[4]) Die syrischen Könige konnten sie, obwohl Antiochos I. [Soter] sie um 275 besiegte,[5]) nicht bezwingen; erst durch den Sieg des Attalos I. von Pergamos (240) wurden sie gezwungen, sich im Inneren, in dem fortan nach ihnen Galatien benannten Theile Grossphrygiens, anzusiedeln.[6])

Im Jahre 246 begann Ptolemaeos III. Euergetes (247—221) den grossen Rachekrieg gegen die Seleukiden wegen der Ermordung seiner Schwester Berenike. In diesem besetzte er, wie alle Küsten Kleinasiens, auch den Hellespont, d. h. Troas

---

[1) C. I. 3596. 98. 3602—4. 3615—18.   [2) Sueton. Claud. 25. Auch in den ersten Frieden mit Philipp (205) schlossen die Römer die Ilier mit ein (Liv. 29, 12, 14).   [3) Liv. 38, 16, 12.   [4) Strabo XIII 1, 27. cf. XII 8, 7.   [5) App. Syr.   [6) Strabo XII 5, 1. Pausan. I 4, 5. 8, 2.

und den Chersones.¹) Im wesentlichen behaupteten die Ptolemäer ihre Eroberungen bis zur Vernichtung ihrer Macht durch Philipp von Makedonien (201) und Antiochos III. Megas (197), oder vielmehr durch ihre eigene Schwäche und Verkommenheit. Dass bis dahin Troas und die hellespontische Küste ägyptisch blieb, bezeugt Polybios; einige Städte freilich, wie Lampsakos, Alexandria und Ilion verloren sie. Diese wurden den Aegyptern wahrscheinlich zuerst von den Seleukiden entrissen; später besetzte sie Attalos I. (217), dem sie jedoch wieder von Achaeos und Antiochos III. abgenommen wurden.²)

In dieser Zeit hatte Troas nochmals durch die Galater zu leiden. Attalos hatte zu seinem eben erwähnten Kriegszuge vom Jahre 217 gallische Söldner aus Thrakien — wo von 278—213 das gallische Reich von Tyle bestand³) — angeworben. Diese zogen mit Weib und Kind in den Krieg, wurden daher desselben bald überdrüssig; und da noch eine Mondfinsterniss hinzukam, erklärten sie dem Attalos, sie würden ihm nicht weiter folgen. Dem Könige blieb nichts übrig, als sie am Hellespont anzusiedeln. Hier ergaben sie sich einem wüsten Leben, suchten die griechischen Städte schwer heim, und belagerten schliesslich Ilion. Diesem kamen die Bewohner von Alexandria zu Hülfe; ihr Feldherr Themistes entsetzte nicht nur die Stadt, sondern verjagte auch die Gallier völlig aus dem eigentlichen Troas. Sie setzten sich jetzt in Arisbe fest und bekriegten die umliegenden Städte. Da griff König Prusias I. von Bithynien (ca. 235 bis ca. 185) sie an, besiegte sie, und machte sie mit Weib und Kind nieder (im Jahre 216).⁴)

Im Jahre 202 verbündeten sich Philipp V. und Antiochos III. zur Theilung der ägyptischen Besitzungen. Philipp griff die

---

¹) Monum. Adul. ²) Polyb. V 34, 7. 78, 6 u. a. ³) Polyb. IV VIII 34. ⁴) Polyb. V 77 f. 111.

kleinasiatischen Küsten an, Kios und Myrlea an der Propontis, die karischen Städte, schliesslich Abydos. Dies musste er lange belagern; bei der Eroberung gaben sich die heldenmüthigen Einwohner meist selbst den Tod.[1]) Durch Rom wurde er gezwungen die Küsten Kleinasiens aufzugeben; inzwischen liess Antiochos sie sich im Frieden mit Aegypten von diesem abtreten (197). Er besetzte sie meistens ohne Kampf, auch Abydos und Ilion;[2]) nur Smyrna, Alexandria Troas und Lampsakos leisteten ihm noch 192 Widerstand; dann scheinen sich die beiden letzteren ergeben zu haben.[3]) Da alle drei 217 von Attalos besetzt worden waren, werden sie für diesen, nicht für Aegypten gekämpft haben. Als Antiochos dann auch die übrigen Griechenstädte, zunächst die thrakischen, erobern wollte, kam es zum Kriege mit Rom, der ihm ganz Kleinasien kostete. Die Römer trafen dann die Anordnung, dass diejenigen griechischen Städte, welche bisher den pergamenischen Königen tributär waren oder auf Antiochos Seite standen, jenen unterthan sein sollten; diejenigen aber, welche auf Seiten der Römer gestanden hatten, sollten Freiheit und Immunität erhalten. Speziell erhielten die Stammorte der Römer, Ilion und Dardanos, die Freiheit. Den Iliern wurde Gergitha, Rhoeteon und Sigeon geschenkt.[4]) Letzteres zerstörten die Ilier, weil es ihnen nicht gehorchen wollte;[5]) und Gergitha wurde von König Attalos (welchem und wann wird nicht gesagt) zerstört, die Einwohner an die Quellen des Kaikos verpflanzt.[6]) Dazu stimmt, dass auf dem Balydagh keine Münzen gefunden worden sind, die über das zweite Jahrh. v. Chr. hinabreichen.

---

[1]) Polyb. XVI 29—34. [2]) Liv. 37, 12, 1. C. I. gr. 3596.
[3]) Liv. 35, 42, 2. 37, 35, 2 = Polyb 10, 21, 3; vgl. 37, 54, 2.
[4]) Liv 38, 39, 7. Strabo XIII 1, 39. [5]) Strabo l. c. Vgl. § 31: *Σίγειον κατεσπασμένη πόλις*. Plin. V 30, 124 quondam Sigeum oppidum. [6]) Strabo XIII 1, 70.

Aus der Zeit der Attalen erfahren wir nur, dass sie Parion begünstigten und sein Gebiet auf Kosten von Priapos vergrösserten.[1] In Tschiblak finden sich die Fragmente der Inschrift einer Statue, die König Attalos II. (157—138) seinem Bruder Eumenes (197—157) zu Ehren der ilischen Athene weihte.[2] Als nach Attalos III. Philometors Tode (133) das pergamenische Reich römische Provinz ward, traten keine wesentlichen Veränderungen ein. Im mithradatischen Kriege litt auch Troas; so liess Mithradats Feldherr Diodoros in Adramytion den ganzen Senat umbringen.[3] Ilion wurde von Fimbria, dem demokratischen Gegenfeldherrn Sullas, nach elftägiger Belagerung eingenommen und arg heimgesucht; Sulla vergütete den Schaden reichlich.[4] — Den Kyzikenern wurde zum Lohne für ihre tapfere Vertheidigung im Jahre 74 ausser der Freiheit alles umliegende Land geschenkt, nach Osten bis an den daskylitischen See, im Westen auch Zelea und die Ebene von Adrastea.[5] Alexandria Troas wurde eine römische Colonie, ebenso nach den Münzen auch Parion.[6]

Für Ilion bewahrten die Römer immer Interesse. Wie Alexander suchte auch Caesar es auf, opferte an der Stätte wo der Palast seiner Ahnen gestanden hatte, schenkte der Stadt völlige Freiheit von allen Abgaben und Leistungen, und vergrösserte ihr Gebiet.[7] Es hiess sogar, er habe den Sitz der Regierung hierher verlegen wollen;[8] und aus der bekannten horazischen Ode III 3 hat man einen ähnlichen Plan

---

[1] Strabo XIII 1, 14. [2] Lebas-Waddington Inscr. Asie Mineure no. 1743b. [3] Strabo l. c. 66. [4] Strabo 27. Appian Mithr. 53.
[5] Strabo XII 8, 10. XIII 1, 10. 17. Steph. B.: Ζέλεια πόλις Τρωική· ἔστι καὶ Ζέλεια φρούριον Κυζίκου, ὡς Διογένης ἐν τρίτῳ περὶ Κυζίκου. Beide sind aber, wie aus Strabo hervorgeht, identisch.
[6] Plin. V 30, 124. Vgl. die Münzen. [7] Strabo XIII 1, 27. Lucan. Phars. IX 950—998. Wenn derselbe Troja als unbewohnte Wildniss darstellt, ist das natürlich dichterische Uebertreibung.
[8] Sueton. Caes. 79.

des Augustus gefolgert. Die Freiheit von allen Abgaben wurde den Iliern noch einmal unter der Regierung des Claudius zugesichert, und zwar auf Antrag des Nero, der um seine Gelehrsamkeit zu zeigen einen Vortrag in griechischer Sprache darüber hielt (53 n. Chr.).[1] — Wie es übrigens um die „Freiheit" Ilions bestellt war, sehen wir aus einer Erzählung bei Nikolaos von Damaskos.[2] Julia, die Tochter des Augustus, war unerwartet Nachts nach Ilion gekommen und hätte dabei, da der Skamander stark übergetreten und sehr reissend war, beinahe ihr Leben verloren. Weil nun die Ilier keine Vorkehrungen für die Sicherheit der Prinzessin getroffen hatten — sie konnten es aber nicht, weil sie von ihrer Ankunft nichts wussten — legte ihnen Agrippa eine Geldbusse von hunderttausend Denaren auf. Nur nach langen Bemühungen gelang es dem Nikolaos, durch Vermittelung des Herodes den Erlass der Strafe zu bewirken.[3]

Aus den nächsten Jahrhunderten fehlen — abgesehen von Inschriften — alle Nachrichten. Wir wissen nur, dass auch Caracalla Ilion besuchte, und als sein Freigelassener Festus hier starb, ihn feierlich bestattete, wie Achill den Patroklos. Vielleicht ist er in dem sogenannten Grabhügel des Patroklos begraben.[4] —

Als Constantin den Entschluss fasste, dem Reiche eine neue Hauptstadt zu geben, die definitiv an die Stelle des alten Rom treten sollte, nahm auch er zuerst den Plan wieder auf, Neurom an die Stelle der ältesten Heimath der Römer zu verlegen. In der Nähe Ilions (μεταξὺ Τρῳάδος [Alexandria] καὶ τῆς ἀρχαίας Ἰλίου Zos.; ἐν Σιγαίῳ Zonar.) legte er den

---

[1] Tac. Ann. XII 58. Sueton Claud. 25. Nero 7. Plin V 30, 124: Ilium immune. [2] De vita sua fr. 3 Müller u. Dind.
[3] Auch Gaius Caesar, der Enkel und Adoptivsohn des Augustus, muss Ilion besucht haben nach der Inschrift bei Schliemann p. 192.
[4] Herodian IV 8, 6 ff. vgl. Schliemann, Alterth. p. 14.

Grundstein des Baues, und ein Theil der Mauern war bereits gebaut: da wählte er das in der That weit passendere Byzantion.[1]) Das Standbild des Kaisers aber, das auf der Porphyrsäule inmitten des Marktes errichtet wurde (der verbrannten Säule Stambuls), soll ursprünglich eine Statue des Apollo gewesen sein, die in Ilion gestanden hatte.[2])

In der byzantinischen Zeit vollendet sich der durch die Römerherrschaft angebahnte Verfall, der Untergang des alten Lebens. Bei Constantinus Porphyrogennetos finden sich noch die meisten Städte der Troade als Bischofssitze aufgeführt: Adramytion, Assos, Gargara, Antandros, Alexandria Troas, Ilion, Dardanos, Abydos, Lampsakos; Parion war sogar der Sitz eines Erzbischofs.[3]) Doch müssen alle diese Städte allmählich unbedeutend geworden sein;[4]) als die Türken die Troade eroberten, scheint keine grössere Stadt mehr existirt zu haben, da sich nirgends grössere türkische Bauten, bedeutende Moscheen finden, wie etwa in Brussa und Isnik (Nikaea). Der einzige Ort von Bedeutung ist die Dardanellenstadt Tschanak Kalessi, eine ursprünglich genuesische Ansiedelung.

So ist das Land allmählich in seinen gegenwärtigen Zustand herabgesunken. Keine Grossstadt liegt mehr auf dem Boden der Troade: Alexandrias Ruinen sind von Eichenwald bedeckt, daneben liegt ein ärmliches Dorf von etwa zwölf Häusern. Auch die selbstständigen Land- und Seestädte der Griechenzeit findet man nicht mehr, und ebenso wenig die

---

[1]) Zosimus II 30. Zonaras Ann. p. 5 ed. Venet.
[2]) Zonaras p. 6 C: λέγεται δὲ καὶ Ἀπόλλωνος εἶναι στήλην τὸ ἄγαλμα, καὶ μετενεχθῆναι ἀπὸ τῆς ἐν τῇ Φρυγίᾳ πόλεως τοῦ Ἰλίου. Die Herausgeber führen dazu eine Stelle aus Jul. Pollux an, wo ἐκ τῆς Ἡλίου πόλεως, οὔσης τῆς Φρυγίας; aber nicht Heliopolis, sondern Ilion ist. Auch bei Const. Porphyr. 795 Bonn. ist Ἥλιον Ilion. — Vgl. auch Zosim. II 31.   [3]) Const. Porphyr. de cerem. II 54. p. 792. 794 f.
[4]) Schliemann fand in Ilion keine Münzen späteren Datums als Constans II. und Constantin II. Alterth. p. VI. XXVIII. 285 f.

Burgen der alten Hirten und Ackerbauer, deren Königssöhne in den Wäldern des Ida Heerden weideten und von Göttinnen aufgesucht wurden. In wenigen elenden Dörfern lebt die Bevölkerung, in zwei feindliche Nationen gespaltet, von einer unfähigen Regierung bedrückt, in fortwährendem Rückschritt in Wohlstand und Zahl. Sie leben, wie sie geboren, ohne Interessen, ohne Lebenskraft und Lebensmuth, ohne Nationalgefühl; dafür haben sie Gott und seinen Propheten, oder die Gottesmutter und die Schaaren der Heiligen. Und so lange diese für die Zukunft zu sorgen haben, wird weder ein Alexandria im Lande entstehen, noch ein Abydos und Assos, noch ein Ilion.

Anhang.

Die Landschaftsgrenzen des nordwestlichen Kleinasiens.

In den Ansichten über die Landschaftsgrenzen des nordwestlichen Kleinasiens herrscht bis jetzt grosse Verwirrung. So rechnen fast alle Neueren — mit Ausnahme von Mannert — Troas zu Mysien,[1] obwohl sich dafür keine einzige Autorität anführen lässt. Nach allen alten Angaben stehen die Troer den Phrygern näher als den Mysern. Im übrigen sind die Wohnsitze und Grenzen der Stämme folgende:

Als Hauptsitz der Myser gilt in älterer Zeit die ἀκτή des Arganthoniosgebirges zwischen Olbia und Kios. Skylax, der um 355 schrieb, kennt die Myser als Küstenbevölkerung nur hier;[2] und Kios heisst gewöhnlich die Myserstadt.[3] Südlich von Kios liegen die Haupthöhen des Olympos, der immer als Hauptsitz der Myser gilt.[4] Die östlichen Ausläufer des Gebirges sind natürlich phrygisch, dagegen die südlicheren Gebirge, die Landschaften Abrettene und Morene,

---

[1] Auch z. B. Duncker, G. d. A. I⁴ 417.

[2] Skyl. 92. Strabo folgert daraus fälschlich, dass die Urbewohner des eigentl. Bithynien Myser waren (XII 4, 8). Der Ausdruck „mysischer Bosporos" beweist nicht viel. Die Urbewohner Bithyniens waren Bebryker, wofür die Belege früher gegeben sind.

[3] Her. V 22 Κίος ἡ Μυσίη. Xen. Hell. I 4, 7 Κίος τῆς Μυσίας. Die Myser hier nennt ferner Apoll. Rhod. A 1127 ff. Plin. V 32, 143. Dionys. perieg. (der durchweg den Aelteren folgt) v. 805 f.

[4] Her. I 36. VII 74. Strabo XII 4, 6. 10. 8, 8. 12: ἡ δὲ Μυσία κατὰ τὴν μεσόγαιαν ἀπὸ τῆς Ὀλυμπηνῆς ἐπὶ τὴν Περγαμηνὴν καθήκει.

sowie Abbaitis mit der Stadt Ankyra, sind mysisch.¹) Hier behaupteten die Myser unter den Persern ihre Unabhängigkeit²) und waren bis in die spätesten Zeiten wegen ihrer Räubereien berühmt.³) Weiter südlich folgt dann die gleichfalls mysische Landschaft Teuthrania, mit dem Fluss Kaikos und der Stadt Pergamon. Nach einigen war Thyatira die südlichste mysische Stadt; und Xenophon berichtet, Keramonagora sei die Grenzstadt Phrygiens gegen Mysien gewesen.⁴) Ueber die zeitweilige Besetzung der thebischen Ebene durch die Myser ist schon in § 5, über ihre Colonisation durch die Lyder in § 6 gesprochen worden.

So erstreckte sich Mysien von den Küsten der Propontis bis ans ägäische Meer, trennte also das hellespontische Phrygien von dem eigentlichen oder Grossphrygien.⁵) Denn an der Propontis, westlich von Kios, sitzen phrygische Stämme; hier liegt das schon besprochene Askanien. Im einzelnen werden uns genannt: die Mygdonen östlich vom Rhyndakos⁶) — bekanntlich gibt es ausserdem makedonische Mygdonen —; dann die Dolionen bei Kyzikos, zwischen Rhyndakos und Aesepos;⁷) endlich die Bebryker der Troade. Dass die Grenze zwischen Phrygien und Troas schon in alter Zeit schwankte, weil letzteres nur noch ein Name war, ward bereits erwähnt.

¹) Strabo XII 8, 9. 11. XIII 4, 4. Vgl. die Münzen *Μυσων Αβαιτων.* ²) Xen. Anab. I 6, 7. 9, 14. III 2, 22 f. Hell. III 1, 13. Memorab. II 5, 26. ³) Strabo XII 8, 8 f. Lucian Alexander 2.
⁴) Herod. VI 28. VII 42. Xen. Anab. VII 8, 8. Strabo XII 8, 1. XIII 4, 2. 4. Plin. V 30, 125. Thyatira *ἥν Μυσῶν ἐσχάτην τινές φασιν* Str. XIII 4, 4. Keramon agora *ἐσχάτη πρὸς τῇ Μυσίᾳ χώρᾳ* Xen. Anab. I 2, 10.
⁵) *ἧς ὁ Μίδας ἐβασίλευσε* Strabo XII 8, 1, wonach Eusth. ad Dion. 815. *Φρύγες ἀμφότεροι* Xen. Cyrop. I 1, 4.
⁶) Strabo XII 8, 10. vgl. 3, 22. Danach Steph. B. vgl. Schol. Ap. Rh. *B* 786. In der Ilias *Γ* 186 ist Mygdon neben Otreus ein König der Phryger. ⁷) Strabo l. c. Schol. Apoll. Rhod. *A* 1115. Steph. Byz.

Skylax dehnt Phrygien bis Abydos aus; Troas rechnet er von Dardanos bis zum Vorgebirge Lekton.

Schon dass die Phryger durch die Myser in zwei Theile getheilt waren, konnte Verwirrung erzeugen. Dazu kam die Gewohnheit der Griechen, alle Kleinasiaten gelegentlich als Phryger zu bezeichnen, und die Unbestimmtheit der Grenzen, zumal beide Völker verwandt waren und unter fremder Herrschaft standen. Vollkommen wurde die Verwirrung durch die Eroberungen des Königs Prusias I. von Bithynien. Bithynien war, wie schon erwähnt, in älterer Zeit nur ein kleines Land; nach Osten reichte es nicht weit über den Sangarios, nach Süden nicht über den innersten Winkel des Meerbusens von Olbia (Nikomedien).[1]) Zuerst erweiterten es Nikomedes I. (279 bis ca. 260) und Zeïlas (ca. 260 bis ca. 235) nach Osten und Süden (in Phrygien), dann Prusias I. (ca. 235 bis ca. 185) nach Westen. Mit Hülfe seines Schwagers Philipp von Makedonien eroberte er in den Jahren 202 und 201 Chalkedon, Kios (von da an Prusias am Meere) und Myrlea (von da an Apamea), so dass sich sein Reich bis an den Rhyndakos erstreckte. Er gründete hier Prusa am Olympos, das Hannibal ihm angelegt haben soll.[2]) Dieses Gebiet wird daher von jetzt an zu Bithynien gerechnet. Was Prusias und seine Vorgänger dagegen vom eigentlichen oder Gross-Phrygien erobert hatten, das Gebiet südlich vom Sangarios bis zum Dindymosgebirge, mit den Städten Dorylaïon Kotyaïon Nakolea Aezani sowie Kadi, musste er im Jahre 189 an die pergamenischen Könige abtreten; es erhielt seitdem den Namen Φρυγία ἡ Ἐπίκτητος.[3]) Es gab daher jetzt drei Phrygien,

---

[1]) Skylax 91. [2]) Plin. V 32, 148: Prusa ab Hannibale sub Olympo condita. Vgl. die bekannte corrupte Stelle Strabo XII 4, 3 = Steph. Byz. s. v.

[3]) Strabo XII 4, 3. Liv. 38, 39, 15. Letzterer bezeichnet hier Epiktetos fälschlich als Mysien und erwähnt ausserdem das helles-

das hellespontische, Epiktetos, und Grossphrygien, während ein vierter Theil, das nordöstliche Phrygien, von den Galatern besetzt war. So unterscheidet richtig Dionys. perieg. 810 ff. und Eustath. ad 815. Sonst ging der Name „Phrygier am Hellespont" verloren: Plinius rechnet das bisher so bezeichnete Gebiet merkwürdiger Weise zu Troas, das er bis an den Fluss Etheleos zwischen Myrlea und Kios ausdehnt,[1]) Strabo dagegen vereinigt es mit dem dahinterliegenden Mysien und behauptet, Phrygien grenze nirgends ans Meer, das hellespontische Phrygien, Klein-Phrygien und Phrygia Epiktetos seien identisch.[2]) Ziemlich dieselbe Eintheilung hat Ptolemaeos, nur dass er Troas viel mehr beschränkt als Strabo und ihm den Namen Kleinphrygien gibt.[3]) Er unterscheidet ferner Gross- und Kleinmysien, von denen jenes das alte Mysien mit Ausnahme des jetzt zu Bithynien gehörenden Gebiets, dies das frühere hellespontische Phrygien vom Rhyndakos bis Lampsakos umfasst.[4]) Die hellespontischen Städte Abydos Dardanos Sigeon bilden bei ihm eine eigene Landschaft.[5]) Zu Kleinphrygien (= Troas) rechnet er auch

---

pontische und Grossphrygien. Er hat Polyb. XXII 27, 10 missverstanden, der die Abtretung von Phr. epiktetos nicht erwähnt, aber sagt: die Römer gaben dem Eumenes *Φρυγίαν τὴν ἐφ᾽ Ἑλλησπόντῳ, Φρυγίαν τὴν μεγάλην, Μυσοὺς, οὓς πρότερον αὐτὸς* (Eumenes) *παρεσκευάσατο* cet.

[1]) Plin. V 32, 143. Plinius Bericht ist wie überall so auch in Troas höchst verwirrt und beruht nirgends auf klaren Anschauungen. So sagt er V 30, 123: prom. Lectum disterminans Acolida et Troada. Fuit ... et Chryse et Larisa alia. Sminthium templum durat, intus Colonae intercidit. Dies sind alles Orte, die schon an der Westküste von Troas liegen. Nichtsdestoweniger folgt erst 31, 125: Troadis primus locus.Hamaxitus, der dicht beim Vorgebirge Lekton liegt. Ferner ist, wie Mannert Geogr. VI 3, 422 richtig bemerkt, Palamedium oppidum und Polymedia civitas in V 30, 123 identisch und gleich Strabo XIII 1, 51 *Πολυμήδειον χωρίον τι*.

[2]) XII 4, 1. 5. 8, 1.   [3]) Ptol. V 2, 4.   [4]) V 2, 2. 5.   [5]) V 2, 3.

Skepsis,[1]) Palaeskepsis verlegt er fälschlich ans ägäische Meer und rechnet es zu Grossmysien.[2])

In der Provinzialeintheilung der späteren Kaiserzeit werden Troas und Mysien unter dem Namen Hellespontos zusammengefasst.[3]) Als Myser aber bezeichnet selbst Constantinus Porphyrogennetos die Troer nicht.[4])

Das homerische Troja
und die geographischen Grundlagen der homerischen Epen.

Das Interesse, welches wir der Geschichte der Troade, ihren Bewohnern, den Ruinen von Hissarlyk zuwenden, beruht in erster Linie auf den homerischen Gedichten. Man wird daher erwarten, dass ich jetzt aus unserer bisherigen Untersuchung gleichsam die Nutzanwendung ziehe und die Frage beantworte: was folgt aus denselben für Homer? oder spezieller: was hat Homer von der Troade gekannt? und was ist der Werth seiner Angaben?

Als Demodokos bei den Phäaken von den Thaten der Helden vor Ilion gesungen hat, redet Odysseus ihn an:

Δημόδοκ', ἔξοχα δή σε βροτῶν αἰνίζομ' ἁπάντων·
ἤ σέ γε Μοῦσ' ἐδίδαξε Διὸς παῖς ἤ σέ γ' Ἀπόλλων·
λίην γὰρ κατὰ κόσμον Ἀχαιῶν οἶτον ἀείδεις,
ὅσσ' ἔρξαν τε πάθον τε καὶ ὅσσ' ἐμόγησαν Ἀχαιοί,
ὥς τέ που ἢ αὐτὸς παρεὼν ἢ ἄλλου ἀκούσας.

und weiter:

---

[1]) V 2, 14.   [2]) V 2, 5.   [3]) S. Hierokles Synekdemos p. 661 ff Wesseling.   [4]) de themat. p. 25 f. ed. Bonn.

αἴ κεν δή μοι ταῦτα [Ilions Zerstörung] κατὰ μοῖραν καταλέξῃς,
αὐτίκ' ἐγὼ πᾶσιν μυθήσομαι ἀνθρώποισιν
ὡς ἄρα τοι πρόφρων θεὸς ὤπασε θέσπιν ἀοιδήν.[1])

Man sieht, die Muse theilt dem Sänger mit, wie die Ereignisse wirklich gewesen waren, die er besang: er glaubte Wahrheit zu verkünden und man glaubte ihm; wenn die Göttin ihn begeisterte, war er ein rückschauender Prophet, so gut wie der Verfasser der Genesis. Das eben ist es was das Volksepos vom Kunstgedichte unterscheidet: in ihm ist nichts reflectirtes, keine Erfindung: denn dann wäre es ja keine Wahrheit mehr, sondern das Werk eines Einzelnen. Daher kann es von Mund zu Munde gehen, Hunderte können es vortragen, es umgestaltend wie die Muse ihnen gebeut, aber überall den Zusammenhang wahrend: — denn jede eigenmächtige Neuerung brächte es ja in Conflict mit der alten Ueberlieferung, mit dem übrigen Sagenschatze. Darum wenn dann schliesslich éin Dichter die Masse zusammenfasst, braucht er nur zu ordnen, zu verbinden, zu streichen, und die Erzählung vom Zorne des Achill, von der Rückkehr des Odysseus ist fertig.[2]) Gewiss ist der Einiger zugleich der Ueberarbeiter; wie er die Einheit des Gedichtes schafft, gestaltet ér auch das Einzelne: aber er gibt den Stoff, wio er sich seinem Geiste als Wahrheit darstellt, nicht als ein Kunstwerk, das seine Phantasie geschaffen hat.[3]) So wollen denn auch die homerischen Gedichte Wahrheit berichten, volle und reine historische Wahrheit, so gut wie Herodot in seinem Geschichtswerk. Wir sehen, Demodokos weiss alles, was vor Ilion vor sich ging, so genau, dass Odysseus selbst es nicht besser weiss.

---

[1]) Od. ϑ 487 ff. [2]) S. Steinthals vorzüglichen Aufsatz über das Epos in der Zeitschrift für Völkerpsychologie Bd. V.

[3]) An einzelnen Punkten hat allerdings vielleicht schon die bewusste Erfindung des Dichters begonnen, so in der Erzählung von dem Mauerbau um das achäische Lager.

Er hat es erfahren vom Gerücht, von der Ueberlieferung, die die ganze Welt erfüllte (οἴμης τῆς τότ' ἄρα κλέος οὐρανὸν εὐρὺν ἵκανεν θ 74), und die Muse hat ihm den Zusammenhang gezeigt und eingegeben, was in der Ueberlieferung fehlte.[1]) Und wen die Muse wirklich inspirirt, wer erkennt was der Zusammenhang, die Entwickelung fordert, was das Natürliche ist, der trifft immer das Rechte.

Die Frage ist nur, was ist wahr und wirklich, oder zunächst, was konnte wirklich sein? Nicht der Stoff, denn dieser ist uralt und mythisch. Und auch als er sich an ein historisches Ereigniss anlehnte, bewahrte dies nicht seine wahre Gestalt. Die See-Expedition peloponnesischer Fürsten gegen die Burg der Troer am Hellespont gestaltete die Sage um in einen grossen Kampf der hellenischen Stämme gegen die Barbaren. Denn dies ist die Auffassung der Sage von dem Kampfe vor Ilion, wie dies noch Herodot in der Einleitung zu seinem Geschichtswerk deutlich ausspricht. Aus allen Ländern Griechenlands kommen die Hülfsvölker der Atriden; und den Troern ziehen alle Stämme Europas und Asiens zu Hülfe, welche die Griechen kannten, wenigstens die, mit denen sie in feindliche Berührung gekommen waren: die Küstenbevölkerung Kleinasiens von Lykien bis zu den Paphlagonen und Halizonen, in denen Strabo die Chalyber wiederfindet,[2]) und aus Europa die Thraker, Kikonen und Paeoner. So verdankt auch die Stadt der Feinde zwar Namen und Localität dem historischen Vorgange, aber das homerische Ilion hat nie existirt. Denn dies ist die Stadt, in die die Räuber die herrliche Fürstin, die reichen Schätze eingeschlossen haben, und die sie nun vertheidigen, funfzigmal tausend an Zahl. Diese Stadt muss glänzend und prächtig

---

[1]) Man vergleiche Stellen wie ἔσπετε νῦν μοι Μοῖσαι Ὀλύμπια δώματ' ἔχουσαι, ὅστις δὴ πρῶτος Ἀγαμέμνονος ἀντίον ἦλθεν (Il. Λ 218 f.) u. ä. [2]) Strabo XII 3, 20—24. Il. E 39. B 856.

sein; sie liegt auf steilem Hügel, mit hoher Burg: denn sie ist ursprünglich die Wolkenburg, die die Götter erobern. Ihr König ist ein mächtiger Fürst, der in einem herrlichen Palaste thront, umgeben von den Wohnungen seiner fünfzig Söhne und Schwiegersöhne. Dass dies Ilion nie auf der Erde gestanden hat, beweisen Schliemanns Ausgrabungen unwiderleglich. Und die Beschreibung der Stadt konnte auch gänzlich der ausschmückenden Phantasie überlassen werden; denn es war ja zerstört, vom Erdboden verschwunden, seine Schilderung musste der Dichter lediglich aus der Tradition schöpfen.[1]

Der Wirklichkeit entnommen werden konnte nur die Schilderung der Landschaft, der Lage der Stadt. Und hier hat denn auch den Sängern der Ilias ein klares und richtiges Bild vorgeschwebt. War auch Troas noch nicht von den Griechen colonisirt, den Hellespont, die Propontis haben ihre Schiffe damals jedenfalls schon befahren, und gewiss blickte jeder Schiffer mit Interesse auf den Schauplatz, wo die Heroen gekämpft hatten: überall finden ja die ersten Colonisten die Localitäten der Sage wieder, am Pontos wie in Italien. Es war daher für den Sänger so schwierig nicht, eine richtige Vorstellung zu gewinnen. So finden wir denn in der Ilias das charakteristische Merkmal der troischen Ebene, die Grabhügel, wir finden die Namen aller der Bäche, die der „quellenreiche" Ida ins Meer sendet;[2] wir sehen den Ida im

---

[1] Wenn in der Ilias die Stadt nur éin Thor hat, das skäische oder dardanische, so mag hier die Tradition das richtige erhalten haben: denn auch das wahre Ilion hatte nur éin Thor. Man mag dies das skäische nennen; denn es lässt sich nicht bestreiten, dass sich der Name erhalten haben kann. Aber sehen konnte man zur homerischen Zeit die Ruinen nicht mehr: sie waren längst vom Schutt und einer späteren Ansiedelung verdeckt. Diese war viel kleiner, als das Bild, welches die Sage von der alten Stadt entwarf: man behauptete daher mit vollem Rechte, jene sei gänzlich vom Erdboden verschwunden.

[2] Il. M 19 ff. u. sonst.

Hintergrunde sich erheben, mächtiger vielleicht als in der Wirklichkeit — doch bedenke man, mit welcher Ehrfurcht der Schiffer zu dem Göttersitze aufblickte, und wie es seinen religiösen Gefühlen genügen musste, auch nur eine ferne Spitze zu sehen, während wir landschaftliche Schönheit verlangen. Gegenüber erhebt sich der waldige Gipfel Samothrakes, von wo Poseidon „den ganzen Ida, die Stadt des Priamos und die Schiffe der Achäer" überschaut.[1]) Durch die Ebene selbst zieht sich, am westlichen Rande — denn als Achilleus die Troer an den Fluss gedrängt hat, flieht der eine Theil ausweichend nach der Stadt zu in die Ebene [diese liegt am rechten Ufer des Skamander], der andere stürzt sich in den Fluss[2]) — der tiefwirbelnde Skamander. Dass dieser etwas mächtiger geschildert ist, als er in Wirklichkeit war, ist leicht erklärlich. Auch Ilions Lage ist genau genug gezeichnet, und stimmt zu den Angaben über die Entfernungen und den Schauplatz des Kampfes. . Dieser wogt in der Ebene zwischen der Stadt und den Schiffen, und zieht sich rechts ins Simoeisthal hinauf bis zum Hügel Kallikolone,[3]) links durch die Skamanderebene bis Thymbra, wo die Lykier lagern.[4])

Nur bedenke man, dass der Dichter kein Geograph ist; dass er keine Karte oder Photographie vor Augen hatte; und dass er der eigenen Inspiration folgt, wo ihm die Tradition nicht genügt. Nichts ist daher verkehrter, als jeden Grabhügel, jeden Baum, jedes Gemäuer wiederfinden zu wollen, und darüber zu streiten, ob Ilion umlaufen werden konnte oder nicht. Der Dichter sang, was die Muse ihm mittheilte; und wenn diese ihm verkündete, dass Achilles und Hektor die Stadt dreimal umliefen, ehe der letztere sich dem

---

[1]) Il. N 12 ff. Ueber Lemnos, Imbros und das Vgb. Lekton s. Ξ 230. 281 ff. [2]) Il. Φ 1 ff. Die Fliehenden durchschreiten den Fluss nicht, wie sie müssten, wenn Ilion auf dem Balydagh läge.
[3]) Il. Y 51—53. [4]) Il. K 430.

Entscheidungskampfe stellte, so haben sie die Stadt umlaufen, es mochte nun möglich sein oder nicht. Natürlich muss der Dichter seine Landschaft markiren; und wenn ihm die Muse eingab, dass die Troer sich bei einem Grabhügel sammelten, dass Polites von einem solchen aus das Herannahen der Feinde gewahrte, so ist er nicht erst hingereist, um zu sehen, ob derselbe wirklich an der betreffenden Stelle stand.

So verhält es sich auch mit den berühmten beiden Quellen. Wohin man auch Ilion setzen möge, zwei Quellen des Skamander, eine heisse und eine kalte, gibt es nicht. Aber sie gaben dem Bilde Leben, sie zeigten die Stelle, wo Hektor fiel, und das war genug. Im übrigen scheint es, dass der Dichter hierzu eine wirkliche Thatsache benutzte. Der Skamander entspringt nämlich am Ida aus zwei Quellen, von denen nach Herrn Calvert die eine sehr kalt, die andere lauwarm ist: es scheint also, dass der Dichter diese an den Hügel von Ilion versetzte.

Nichts aber scheint mir weniger möglich, als die neuerdings von Christ [1]) und Keller [2]) aufgestellte Ansicht, für verschiedene Gesänge der Ilias sei eine verschiedene Lage der Stadt anzunehmen, bald mehr, bald weniger vom Meere entfernt. Mir scheint nur zweierlei denkbar: entweder das homerische Zeitalter hatte überhaupt keine Vorstellung von der Lage Ilions — und dies wird durch die genauen topographischen Angaben widerlegt; oder man verlegte es auf éinen, genau bestimmten, Punkt. Haben doch die Alten kaum je über Scheria oder die Insel der Kirke geschwankt. Zur Sonderung der Lieder werden die topographischen Angaben gewiss nicht dienen. [3])
Was an Widersprüchen vorkommen mag, beruht auf unklarer

---

[1]) Die Topographie der troj. Ebene und die homerische Frage, in Sitzungsber. der münch. Akad. Phil.-hist Cl. 1874. p. 198 ff.
[2]) Die Entdeckung Ilions zu Hissarlik.   [3]) Vgl. Steitz, die Lage des homer. Troja, in Fleckeisens Jahrb. CXI 1875, vor allem p. 239 ff.

Anschauung des Dichters oder zu peinlichen Ansprüchen des modernen Lesers. —

Während die Küsten der Troas mit ihren Bächen und Städten den homerischen Dichtern bekannt waren, fehlte ihnen jede Kenntniss des inneren Landes. Nichts deutet auf irgend welche Bekanntschaft mit dem oberen Skamanderthal, mit den Bergen und Städten des Inneren. Die Namen Gergis, Kebren, Skepsis finden sich nicht. Es ist dies ein Beweis dafür, dass zur homerischen Zeit die Griechen in Troas noch keine Colonien gegründet hatten, dass nur bekannt war, was die Schiffer an den Küsten erfahren konnten. Daher blieb die Charakterisirung der Troer, ihre Götterwelt u. s. w. lediglich der Sage und der Phantasie überlassen, und diese gestaltete sie natürlich den Griechen so ähnlich wie möglich. Die Sage von der Sibylle Kassandra z. B., die aus näherer Kenntniss der troischen Religion hervorgegangen ist, kennt Homer noch nicht.

Wie in Troas, sind auch sonst alle geographischen Kenntnisse der homerischen Zeit — abgesehen von Griechenland — auf die Küsten beschränkt. Die Ilias kennt in Europa nur die Paeoner am Flusse Axios,[1]) die Kikonen mit ihrer Stadt Ismaros,[2]) die Thraker von Aenos und am Hellespont,[3]) und hinter ihnen, in fabelhafter Ferne, die Myser, Hippemolgen und Abier.[4]) Von einer Kenntniss der Donau findet sich noch keine Spur. An der asiatischen Küste nennt sie in weitester Ferne die Halizonen im fernen Alybe,[5]) dann die Paphlagonen,[6]) die Myser; häufiger genannt werden nur die Phryger

---

[1]) Il. *B* 848. *K* 428 *Π* 287. *P* 350. *Φ* 140 ff. [2]) Il. *B* 846. *P* 73. Od. *ι* 39. [3]) *B* 844. *J* 520. Als Heimath der Winde *I* 5, des Ares *N* 301, *ϑ* 361 u. a. [4]) *N* 5 f. Dass diese Myser die Moeser sind und in Thrakien wohnen, zeigt der Zusammenhang deutlich.

[5]) *B* 856. *E* 39. [6]) *B* 851. *E* 576. *N* 643 ff. Ueber das τηλόθεν ἐξ Ἐνετῶν des Katalogs zu streiten, ist verlorene Liebesmüh. Nach Strabo gehören in diese Gegend auch die Kaukonen (nur Il. *K* 429.

von Askanien und am Sangarios.¹) — Wenig belebter ist die Westküste. Zunächst die Troer, Leleger, Kiliker. Die Landschaft Teuthranien nennt Homer nicht;²) dagegen erwähnt die Odyssee λ 519 den Telephiden Eurypylos, der im Kampfe gegen Neoptolemos fiel, als Fürsten der Keteer (Κήτειοι), und da Telephos sonst immer als König der Myser von Teuthranien gilt — sein Kampf mit den Griechen vor ihrer Landung in Troas kommt allerdings erst in den Kyprien vor — so ist Welckers Annahme, Κήτειοι sei nur ein Beiname der Myser [„die grossen", von κῆτος?], wohl richtig.³) — Dagegen nennt die Ilias hier die Pelasger von Larisa;⁴) nach ihnen die Mäoner, die späteren Lyder. Hier nennt Homer ein Paar Localitäten auch des inneren Landes: die Gebirge Tmolos und Sipylos mit dem Niobefelsen, die Flüsse Hermos und Hyllos, den Kayster mit dem vogelreichen asischen Gefilde, den gygäischen See, die Städte Tarne und Hyde, von denen letzteres Sardes sein soll.⁵) Ihre Nachbarn, die Karer, dagegen, finden sich nur in den Bundesgenossenverzeichnissen B 867 ff. K 423 [mit den Gebirgen Phtheiron(?) und Mykale, dem Maeander, der Stadt Miletos], also in den ächten Theilen der Ilias gar nicht.

Es ist sehr auffallend, dass gerade diese Völker, die doch den homerischen Dichtern in Folge der griechischen Colonisation genauer bekannt sein mussten, so wenig hervortreten; indessen ist vielleicht gerade diese genauere Bekanntschaft der

---

Υ 329); vielleicht sind sie die Mariandyner, die die Ilias nicht nennt. — Strabo VIII 3, 17. XII 3, 5. 9.
²) Myser: Ξ 512 und B 838. K 430. Ueber die hom. Phryger s. o. p. 69—71. ³) Teuthras ist E 705 Name eines Griechen, Z 13 der eines Troers, wie umgekehrt Dolops O 525 der eines Troers, Λ 302 eines Griechen, Dryops Y 455 der eines Troers.
³) Welcker, epischer Cyclus II 137. ⁴) P 287 und B 840. K 429: vgl. o. p. 1, 4. ⁵) B 461. E 44. Y 382—392. Ω 615. Ferner B 865—67. K 431. Vgl. Strabo VIII 2, 20. XIII 4, 6. Steph. Byz. s. v. Ὕδη.

Grund dafür. Was der Dichter über sie wusste, war historisch, stammte aus der Zeit der Colonisation — die gleichfalls als rein historisch nie erwähnt wird[1]) — konnte daher nicht in die Ueberlieferungen von der Heroenzeit aufgenommen werden. Erst später, als auch die Geschichte der Colonisation verschwommen und mythisch wurde, traten auch diese Völker in den Kreis der griechischen Mythen ein [Tantalos und Pelops].

Auf die Karer folgen die Lykier am Flusse Xanthos, dann die Solymer.[2]) Weiter erstrecken sich die homerischen Kenntnisse von der Küste nicht; denn auch wenn das Aleische Gefilde wirklich das Kilikische ist,[3]) wenn Arimer und Erember die Aramaeer sind,[4]) so kennt Homer diese doch nur von Hörensagen, nicht durch sichere Nachrichten.

Auf dem Seewege war man dagegen mit Kypros bekannt geworden, dessen erzreiche Stadt Temese (Tamasos), dessen mythischen Herrscher Kinyras, dessen Arstartetempel — daher die Aphrodite Κύπρις — die Epen bereits kennen.[5]) Von phönikischen Städten findet sich nur Sidon,[6]) und was über Aegypten berichtet wird, zeigt, dass die Kenntniss von dem Lande nicht sehr genau war: genannt werden ausser dem Flusse Aegyptos die Insel Pharos und das hundertthorige Theben.[7])

Noch weniger weit erstrecken sich die geographischen Kenntnisse gegen Westen. Das Reich des Odysseus, die Taphier und die Thesproter von Epiros sind hier die Grenzpunkte. Selbst wenn Scheria wirklich Korkyra ist, ist die Anschauung von demselben so unbestimmt, dass es hier nicht genannt werden kann. Dagegen erwähnt die Odyssee bereits die Sikeler Unteritaliens.[8])

---

[1]) Bekanntlich erstreckt sich das Gebiet der Griechen bei Homer [ausser im Katalog] nicht über das Festland hinaus — abgesehen von Euboea u. ä. Nur Kreta ist schon, wenigstens zum Theil, griechisch.
[2]) Z 184. [3]) Z 201. [4]) Vgl. Strabo I 2, 34. XIII 4, 6. XVI 4, 27. [5]) Α 20 ff. α 184. Κύπρις E 422 u. a. [6]) Z 289 ff. Λ 743. In der Odyssee mehrfach. [7]) I 381 ff. δ. 351. 355. ξ 257 ff. [8]) υ 383. Vgl. Niebuhr, Kleine Schriften II 324 ff.

Diese geographischen Anschauungen der Epen geben uns einen sicheren terminus ante quem für ihre Abfassungszeit. Denn im Jahre 734 gründeten die Chalkidier Naxos auf Sicilien, und schon vorher hatten sie mit den Kymaeern zusammen Cumae in Campanien angelegt. In dieselbe Zeit (756 nach den Chronographen) fällt die Gründung von Trapezus, Sinope ist noch älter, und in den folgenden Jahrzehnten werden die Küsten des Hellespont, der Propontis, des Pontos ebenso wie die Italiens und Siciliens mit griechischen Colonien besät, ja die Rhodier gründen Rhode an den Pyrenäen. Bei Homer findet sich von dem Aufschwung des Handels und der Schifffahrt, den dies voraussetzt, keine Spur; noch gilt die Fahrt nach Aegypten als etwas ganz aussergewöhnliches; noch fahren die Phöniker auf der griechischen See, handeln und rauben und vermitteln den Verkehr mit dem Auslande. Alles dies zeigt, dass die homerischen Gedichte der Auswanderung nach Kleinasien näher liegen als der Colonisation ferner Küsten, dass sie spätestens um 850 zum Abschluss gekommen sein müssen.

Wie hierzu alle andern Anschauungen der Epen stimmen, die staatlichen Verhältnisse, die Form, in der andere Sagen erwähnt werden — die Argonautensage ist noch nicht einmal im Lande des Sonnenaufgangs fixirt! — brauche ich nicht auszuführen. Für die Zustände und Anschauungen dieser Zeit sind die homerischen Gedichte unsere einzige und eine völlig authentische Quelle.

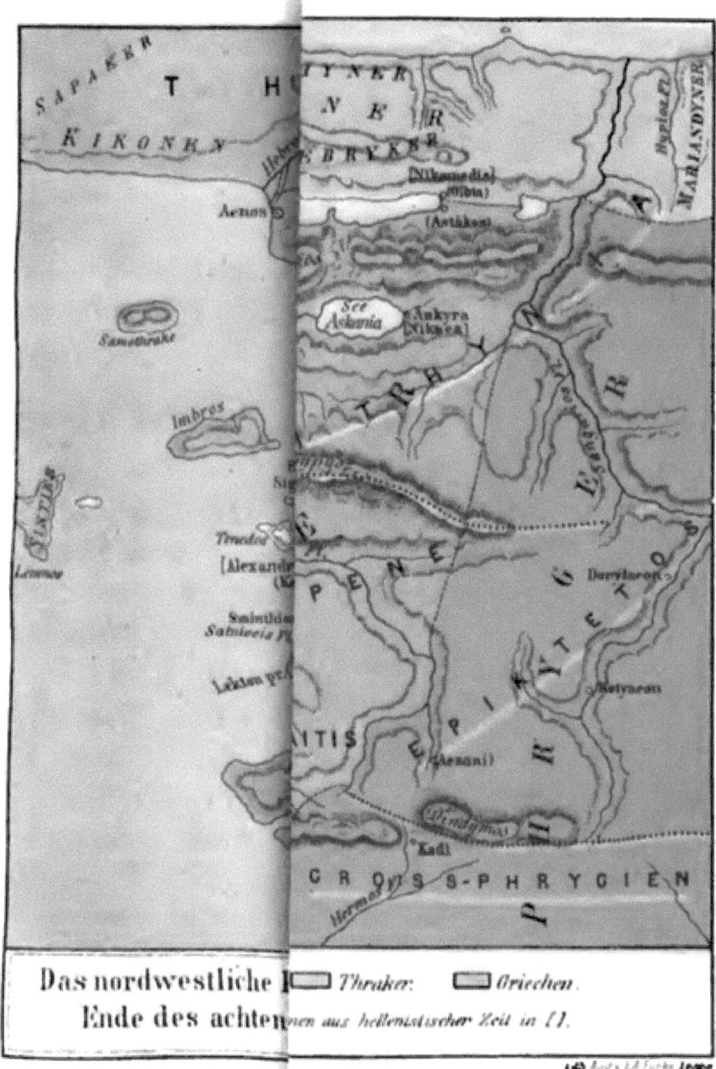